www.holder-augsburg-zweisprachig.de

Selma Lagerlöf:
Tösen från Stormyrtorpet / The Girl from the Marsh Croft

English translation by Velma Swanston Howard
Editor: Harald Holder

The text has been carefully adapted for educational purposes.

ISBN: 978 – 3 – 943394 – 50 - 4

Copyright by Harald Holder 2012
Harald Holder Verlag Augsburg, Germany

Printed and bound in Germany by Books on Demand GmbH, Norderstedt

www.holder-augsburg-zweisprachig.de

Selma Lagerlöf

Tösen från Stormyrtorpet —
The Girl from the Marsh Croft

Bilingual Reader — Swedish / English
Left Side Swedish — Right Side English

tvåspråkig lektyr, engelska / svenska —
engelska på höger sida / svenska på vänster sida

www.holder-augsburg-zweisprachig.de

Det är i en tingssal ute på landsbygden. Vid dombordet högst uppe i rummet sitter en gammal häradshövding, en lång och starkt byggd karl med ett brett och grovhugget ansikte. Under flera timmar har han hållit på med att handlägga det ena målet efter det andra, och till sist har det kommit över honom något av leda och dysterhet. Det är svårt att veta om det är hettan och kvalmet i tingssalen, som pinar honom, eller om han har blivit illa till mods av att syssla med alla dessa småaktiga tvister, som inte tycks ha kommit till av annan orsak än för att vittna om människors grälsjuka och obarmhärtighet och vinningslystnad.

Han har just nu börjat med ett av de sista målen, som ska komma före under dagen. Det rör sig om en fordran på uppfostringshjälp.

Detta ärende har avhandlats redan ett par gånger förut, och protokollet från de föregående tingen håller på att läsas upp. Därav får man för det första veta, att käranden är en fattig torpardotter och att svaranden är en gift man.

Vidare heter det i protokollet, att svaranden har förklarat, att käranden med orätt och endast av vinningslystnad har stämt honom. Han erkänner, att käranden under någon tid har haft tjänst på hans gård, men han har inte under denna tid bedrivit kärlekshandel med henne, och hon har ingen rätt att begära någon hjälp av honom. Käranden har dock hållit fast vid sitt yrkande, och sedan några vittnen har blivit hörda, har svaranden blivit ålagd att värja sig med edgång, för så vitt han inte vill bli dömd att lämna understöd till käranden.

Båda parterna har kommit tillstädes och står bredvid varandra framför domarbordet. Käranden är mycket ung och ser alldeles förskrämd ut. Hon gråter av blyghet och torkar mödosamt bort tårarna med en sammanrullad näsduk, som hon inte tycks förstå sig på att veckla ut. Hon bär svarta kläder, som är tämligen nya och oslitna, men de sitter så illa, att man är frestad tro, att hon har lånat dem för att kunna uppträda på ett anständigt sätt inför domstolen.

Vad svaranden beträffar, ser man genast på honom, att han är en burgen man. Han är en fyrtio års karl och har ett käckt och raskt utseende. Där han står inför domstolen, har han en mycket god hållning. Det märks nog, att han inte tycker, att det är något nöje att stå där, men han ser heller inte det minsta besvärad ut.

1

It took place in the court room of a rural district. At the head of the
Judges' table sits an old Judge — a tall and massively built man, with a
broad rough-hewn visage. For several hours he has been engaged in
deciding one case after another, and finally something like disgust and
melancholy has taken hold of him. It is difficult to know if it is the heat
and closeness of the court room that are torturing him or if he has become
low-spirited from handling all these petty wrangles, which seem to spring
from no other cause than to bear witness to people's quarrel-mania,
uncharitableness, and greed.

He has just begun on one of the last cases to be tried during the day. It
concerns a plea for help in the rearing of a child.

This case had already been tried at the last Court Session, and the
protocols of the former suit are being read; therefore one learns that the
plaintiff is a poor farmer's daughter and the defendant is a married man.

Moreover, it says in the protocol, the defendant maintains that the
plaintiff has wrongfully, unjustly, and only with the desire of profiting
thereby, sued the defendant. He admits that at one time the plaintiff had
been employed in his household, but that during her stay in his home he
had not carried on any intrigue with her, and she has no right to demand
assistance from him. The plaintiff still holds firmly to her claim, and after
a few witnesses have been heard, the defendant is called to take the oath
and show cause why he should not be sentenced by the Court to assist the
plaintiff.

Both parties have come up and are standing, side by side, before the
Judges' table. The plaintiff is very young and looks frightened to death.
She is weeping from shyness and with difficulty wipes away the tears with
a crumpled handkerchief, which she doesn't seem to know how to open
out. She wears black clothes, which are quite new and whole, but they fit
so badly that one is tempted to think she has borrowed them in order to
appear before the Court of Justice in a befitting manner.

As regards the defendant, one sees at a glance that he is a prosperous man.
He is about forty and has a bold and dashing appearance.
As he stands before the Court, he has a very good bearing. One can see
that he does not think it a pleasure to stand there, but he doesn't appear to
be the least concerned about it.

Så snart som protokollet är uppläst, vänder sig domaren till svaranden ooh frågar honom om han håller fast vid sitt nekande och om han är beredd att avlägga eden.

Till dessa frågor säger svaranden genast ett raskt ja. Han börjar gräva i västfickan och tar fram ett betyg från prästen, som intygar, att han känner edens vikt och betydelse och är oförhindrad att avlägga den.

Under allt detta har käranden fortsatt att gråta. Hon tycks vara oövervinnligt blyg och håller ögonen envist sänkta mot golvet. Hon har ännu inte lyft blicken så mycket, att hon har kunnat se svaranden in i ansiktet.

När han nu säger sitt ja, rycker hon till. Hon träder ett par steg närmare domstolen, som om hon hade något att invända, men så blir hon stående. "Det är väl inte möjligt", tycks hon säga till sig själv. "Han kan inte ha svarat ja. Jag har hört orätt."

Emellertid tar domaren emot betyget och ger på samma gång en vink till rättstjänaren. Rättstjänaren går då fram till bordet för att lägga bibeln framför svaranden.

Käranden hör, att någon går förbi henne, och blir orolig. Hon tvingar sig att höja blicken så mycket, att hon kan se över bordet, och hon märker då hur rättstjänaren flyttar bibeln.

Ännu en gång ser det ut, som om hon skulle vilja göra invändningar. Men hon hejdar sig på nytt. Det är ju inte möjligt, att han kan få avlägga eden. Domaren måste ju hindra honom.

Domaren är en klok karl, och han känner väl till vad folk tänker och tycker i hennes hemtrakt. Han visste nog hur stränga alla människor var, så snart det var något, som rörde äktenskapet. De kände ingen värre synd än den, som hon hade begått. Skulle hon någonsin ha erkänt något sådant om sig själv, om det inte hade varit sant?

Domaren borde förstå vilket förfärligt förakt, som hon hade dragit över sig. Och inte förakt bara, utan allt möjligt elände.
Ingen ville ha henne i sin tjänst, ingen ville ha hennes arbete.
Hennes egna föräldrar tålde henne knappast i sin stuga, utan talade var dag om att kasta ut henne.

As soon as the protocols have been read, the Judge turns to the defendant and asks him if he holds fast to his denials and if he is prepared to take the oath.

To these questions the defendant promptly answers a curt yes. He digs down in his vest pocket and takes out a statement from the clergyman who attests that he understands the meaning and import of the oath and is qualified to take it.

All through this the plaintiff has been weeping. She appears to be imconquerably bashful, and doggedly keeps her eyes fixed upon the floor. Thus far she has not raised her eyes sufficiently to look the defendant in the face.

As he utters his " yes," she starts back. She moves a step or two nearer the Court, as if she had something to say to the contrary, and then she stands there perplexed. It is hardly possible, she seems to say to herself; he cannot have answered yes. I have heard wrongly.

Meanwhile the Judge takes the clergyman's paper and motions to the court officer. The latter goes up to the table to find the Bible, which lies hidden under a pile of records, and lays it down in front of the defendant.

The plaintiff hears that some one is walking past her and becomes restless. She forces herself to raise her eyes just enough to cast a glance over the table, and she sees then how the court officer moves the Bible.

Again it appears as though she wished to raise some objection, and again she controls herself. It is n't possible that he will be allowed to take the oath. Surely the Judge must prevent him!

The Judge is a wise man and knows how people in her home district think and feel. He knew, very likely, how severe all people were as soon as there was anything which affected the marriage relation. They knew of no worse sin than the one she had committed. Would she ever have confessed anything like this about herself if it were not true?

The Judge must understand the awful contempt that she had brought down upon herself, and not contempt only, but all sorts of misery.
No one wanted her in service – no one wanted her work. Her own parents could scarcely tolerate her presence in their cabin and talked all the while of casting her out.

Nej, domaren måste veta, att hon inte skulle ha begärt understöd av en gift man, om hon inte hade rätt till det.

Domaren kunde ju inte tro, att hon ljög i en sådan sak, att hon skulle ha nedkallat en sådan ryslig olycka över sig själv, om hon hade haft någon annan att anklaga än en gift man. Och om han vet detta, så måste han ju hindra edgången.

Hon ser, att domaren läser igenom prästbetyget ett par gånger. Därför börjar hon tro, att han ämnar gripa in.

Det är också sant, att domaren ser betänksam ut. Han flyttar sina blickar ett par gånger över till käranden. Men härvid blir det där uttrycket av leda och avsmak, som vilar över hans ansikte, ännu mer märkbart. Det ser ut, som om han vore oblitt stämd mot henne. Om käranden också talar sanning, så är hon ju en dålig människa, och domaren kan inte känna något intresse för henne.

Det händer ibland, att domaren griper in i en rättegång som en god och klok rådgivare och hjälper parterna från att alldeles fördärva sig själva, men den här dagen är han trött och led, och han tänker inte på annat än att låta det lagliga förfarandet ha sin gång.

Han lägger ifrån sig betyget och säger några ord till svaranden om att han hoppas, att denne noga har betänkt vådan av en falsk edgång. Svaranden hör på honom med samma lugn, som han har visat hela tiden, och han svarar vördnadsfullt och inte utan värdighet.

Käranden lyssnar till detta med den yttersta förskräckelse. Hon gör några häftiga åtbörder och kramar samman händerna. Nu vill hon tala inför domstolen. Hon strider en förfärlig kamp med sin blyghet och med snyftningarna, som hindrar henne från att tala. Slutet blir i alla fall, att hon inte kan få fram ett hörbart ord.

Alltså ska eden komma att försiggå. Han ska få avlägga den. Ingen skall hindra honom från att svära bort sin själ.
Ända hittills har hon inte kunnat tro, att det skulle få ske. Men nu grips hon av vissheten, att det är nära för handen, att det ska inträffa i nästa ögonblick. En skräck, som är mycket mer överväldigande än någon, som hon har känt förut, kommer över henne. Hon blir alldeles förstenad. Hon inte en gång gråter mera.

Det är således hans mening att dra över sig den eviga fördömelsen.
Hon förstår nog, att han vill svära sig fri för hustruns skull. Men om han

Oh, the Judge must know that she would never have asked for help from a married man had she no right to it.

Surely the Judge could not believe that she lied in a case like this; that she would have called down upon herself such a terrible misfortune if she had had any one else to accuse than a married man. And if he knows this, he must stop the oath-taking.

She sees that the Judge reads through the clergyman's statements a couple of times and she begins to think he intends to interfere.

True, the Judge has a wary look. Now he shifts his glance to the plaintiff, and with that his weariness and disgust become even more marked. It appears as though he were unfavorably disposed toward her. Even if the plaintiff is telling the truth, she is nevertheless a bad woman and the Judge cannot feel any sympathy for her.

Sometimes the Judge interposes in a case, like a good and wise counsellor, and keeps the parties from ruining themselves entirely. But today he is tired and cross and thinks only of letting the legal process have its course.

He lays down the clergyman's recommendation and says a few words to the defendant to the effect that he hopes he has carefully considered the consequences of a perjured oath. The defendant listens to him with the calm air which he has shown all the while, and he answers respectfully and not without dignity.

The plaintiff listens to this in extreme terror. She makes a few vehement protests and wrings her hands. Now she wants to speak to the Court. She struggles frightfully with her shyness and with the sobs which prevent her speaking. The result is that she cannot get out an audible word.

Then the oath will be taken! She must give it up. No one will prevent him from swearing away his soul.
Until now, she could not believe this possible. But now she is seized with the certainty that it is close at hand – that it will occur the next second. A fear more overpowering than any she has hitherto felt takes possession of her. She is absolutely paralyzed. She does not even weep more.

It is his intention, then, to bring down upon himself eternal punishment. She comprehends that he wants to swear himself free for the sake of his

också skulle ha fått det svårt med henne, så borde han väl inte fördenskull kasta bort sin själs salighet.

Det finns ingenting så förfärligt som mened. Det är något hemlighetsfullt och rysligt med den synden. Det finns ingen nåd eller tillgift för den. Avgrundens portar öppnar sig av sig själva, när menedarens namn nämnes.

Om hon nu hade lyft sina blickar upp till hans ansikte, skulle hon ha fruktat att få se det stämplat med fördömelsens märke, som hade blivit ditslaget av Guds vrede.

Medan hon står och arbetar sig upp till allt större skräck, har domaren undervisat svaranden om hur han ska lägga fingrarna på bibeln. Sedan ser domaren efter i protokollet för att finna edsformuläret.

När hon ser svaranden lägga fingrarna på beken, går hon ännu ett steg närmare, och det ser ut, som om hon skulle vilja sträcka sig fram över bordet och lyfta bort hans hand.

Men ännu hålles hon dock tillbaka av en sista förhoppning. Hon tror, att han ska ge vika nu i det sista ögonblicket. Domaren har funnit den sida i protokollet, som han har sökt efter, och nu börjar han förestava eden högt och tydligt. Så gör han ett uppehåll, för att svaranden ska säga efter hans ord. Och svaranden börjar verkligen att säga efter dem, men han råkar säga miste, och domaren måste börja omigen från början.

Nu kan hon inte längre ha ett spår av hopp. Nu vet hon, att han ämnar svära falskt, att han ämnar dra över sig Guds vrede både för detta livet och det tillkommande.

Hon står och vrider händerna i sin hjälplöshet. Och det är allt hennes skuld, därför att hon har anklagat honom! Men hon var ju utan arbete, hon svalt och frös. Barnet höll på att dö. Till vem annan skulle hon vända sig för att erhålla hjälp?

Aldrig hade hon trott heller, att han skulle vilja begå en så vederstygglig synd.

Nu har domaren förestavat eden på nytt. Om några ögonblick ska handlingen vara gjord. En sådan där handling, från vilken det inte ges någon återvändo, som aldrig kan gottgöras, som aldrig kan utplånas. 10 Just då svaranden börjar eftersäga eden, rusar hon fram, kastar undan hans framsträckta hand och rycker till sig bibeln. Det är hennes förfärliga

wife. But even if the truth were to make trouble with her, he should not for that reason throw away his soul's salvation.

There is nothing so terrible as perjury. There is something uncanny and awful about that sin. There is no mercy or condonation for it. The gates of the infernal regions open of their own accord when the perjurer's name is mentioned.

If she had then raised her eyes to his face, she would have been afraid of seeing it stamped with damnation's mark, branded by the wrath of God.

As she stands there and works herself into greater and greater terror, the Judge instructs the defendant as to how he must place his fingers on the Bible. Then the Judge opens the law book to find the form of the oath.

As she sees him place his fingers on the book, she comes a step nearer, and it appears as if she wished to reach across the table and push his hand away.

But as yet she is restrained by a faint hope. She thinks he will relent now – at the last moment. The Judge has found the place in the law book, and now he begins to administer the oath loudly and distinctly. Then he makes a pause for the defendant to repeat his words. The defendant actually starts to repeat, but he stumbles over the words, and the Judge must begin again from the beginning.

Now she can no longer entertain a trace of hope. She knows now that he means to swear falsely – that he means to bring down upon himself the wrath of God, both for this life and for the life to come.

She stands wringing her hands in her helplessness. And it is all her fault because she has accused him! But she was without work; she was starving and freezing; the child came near dying. To whom else should she turn for help?

Never had she thought that he would be willing to commit such an execrable sin.

The Judge has again administered the oath. In a few seconds the thing will have been done: the kind of thing from which there is no turning back – which can never be retrieved, never blotted out.
Just as the defendant begins to repeat the oath, she rushes forward,sweeps away his outstretched hand, and seizes the Bible. It is her terrible dread

fasa, som äntligen har gett henne mod. Han får inte svära bort sin själ. Han får inte.

Rättstjänaren skyndar genast fram för att ta ifrån henne bibeln och återföra henne till ordning. Hon hyser en oändlig fruktan för allt, som hör till domstolen, och hon tror säkert, att det, som hon nu har gjort, ska bringa henne på fästning. Men hon släpper inte bibeln ifrån sig. Vad det än må kosta: han får inte gå eden. Han, som vill svära, springer också fram för att ta boken, men hon gör motstånd också mot honom.

„Du får inte gå eden!“ ropar hon. „Du får inte!“

Det, som försiggår, väcker naturligtvis den största förvåning. Tingsmenigheten tränger sig upp mot dombordet, nämndemännen börjar resa på sig, protokollsföraren springer upp med bläckhornet i handen, för att det inte skall bli omkullvält.

Då ropar domaren med hög och vredgad röst: „Stilla!“ Och alla människorna blir stående orörliga. „Vad är det åt dig? Vad har du att göra med bibeln?“ frågar domaren käranden med samma hårda och stränga röst.

Sedan hon har fått ge luft åt sin ängslan i en förtvivlans handling, har hennes beklämdhet minskats, så att hon kan svara: „Han får inte gå eden!“

„Tyst med dig, och lägg tillbaka boken!“ befaller domaren.
Men hon lyder inte, utan håller fast boken med bägge händerna.
„Han får inte gå eden!“ ropar hon med otyglad häftighet.

„Är du så noga om att vinna rättegången?“ frågar domaren med allt skarpare röst.

„Jag vill lägga ner rättegången,“ utbrister hon med hög och skärande röst. „Jag vill inte tvinga honom att svära.“

„Vad skriker du om?“ frågar domaren. „Är du från vettet?“
Hon drar häftigt efter andan och försöker sansa sig. Hon hör själv hur hon skriker. Domaren måste väl tro, att hon har blivit galen, om hon inte kan säga vad hon vill i lugna ord. Hon kämpar än en gång med sig själv för att få makt över rösten, och denna gång lyckas det henne. Hon säger långsamt, allvarligt, tydligt, medan hon ser domaren rätt in i ansiktet: „Jag vill lägga ner rättegången. Han är far till barnet. Men jag tycker om honom ännu. Jag vill inte, att han ska svära falskt.“

which has finally given her courage. He must not swear away his soul; he must not!

The court officer hastens forward instantly to take the Bible from her and to bring her to order. She has a boundless fear of all that pertains to a Court of Justice and actually believes that what she has just done will bring her to prison; but she does not let go her hold on the Bible. Cost what it may, he cannot take the oath. He who would swear also runs up to take the Bible, but she resists him too.

"You shall not take the oath!" she cries, "you shall not!"

That which is happening naturally awakens the greatest surprise. The court attendants elbow their way up to the bar, the jurymen start to rise, the recording clerk jumps up with the ink bottle in his hand to prevent its being upset.

Then the Judge shouts in a loud and angry tone, "Silence!" and everybody stands perfectly still. "What is the matter with you? What business have you with the Bible?" the Judge asks the plaintiff in the same hard and severe tone.

Since, with the courage of despair, she has been able to give utterance to her distress, her anxiety has decreased so that she can answer, "He must not take the oath!"

"Be silent, and put back the book!" demands the Judge. She does not obey, but holds the book tightly with both hands. "He cannot take the oath!" she cries fiercely.

"Are you so determined to win your suit?" asks the Judge sharply.

"I want to withdraw the suit," she shrieks in a high, shrill voice. "I don't want to force him to swear. "

What are you shrieking about?" demands the Judge. "Have you lost your senses?" She catches her breath suddenly and tries to control herself. She hears herself how she is shrieking. The Judge will think she has gone mad if she cannot say what she would say calmly. She struggles with herself again to get control of her voice, and this time she succeeds. She says slowly, earnestly, and clearly, as she looks the Judge in the face:
"I wish to withdraw the suit. He is the father of the child. I am still fond of him. I don't wish him to swear falsely."

Hon står rak och beslutsam mittför domarbordet och fortfar att se rätt in i domarens sträva ansikte. Han sitter med båda händerna stödda mot bordsskivan, och för en lång stund tar han inte ögonen från henne. Medan domaren betraktar henne, försiggår en stor förändring med honom. Allt det slappa och missnöjda, som fanns i hans drag, försvinner, och det stora, grova ansiktet blir vackert av den vackraste rörelse. "Se där", tänker domaren, "se där, sådant är mitt folk. Jag ska inte förarga mig över det, när det finns så mycken kärlek och gudsfruktan hos en av de ringaste."

Plötsligen känner domaren, att hans ögon håller på att fyllas av tårar, och då rycker han till, nästan skamsen, och kastar en snabb blick omkring sig. I detsamma ser han, att skrivare och länsman och hela den långa raden av nämndemän har lutat sig framåt för att se på flickan, som står framför domarbordet med bibeln tryckt intill sig. Och han ser ett skimmer över deras ansikten, som om de hade sett något rätt vackert, som gjorde dem glädje ända in i själen.

Därpå ser domaren också ut över tingsmenigheten, och han tycker, att alla människor sitter tysta och drar efter andan, som om de just nu har fått höra vad de mest av allt hade längtat efter.

Till sist ser domaren på svaranden. Nu är det han, som står med sänkt huvud och tittar ner i golvet.

Domaren vänder sig på nytt till den fattiga flickan. „Du ska få det, som du vill ha det,“ säger han. Målet ska avskrivas, säger han därpå till protokollsföraren.

Svaranden gör en rörelse, som om han ville komma med en invändning. „Vad nu då?“ ryter domaren åt honom. „Har du något emot det?“ Svaranden hänger än mer med huvudet och säger knappt hörbart: „Å nej, det är väl bäst, att det får bli så.“

Domaren sitter stilla ännu ett ögonblick, därpå skjuter han den tunga stolen tillbaka, reser sig och går runtom bordet fram till käranden.

„Tack ska du ha!“ säger han och räcker henne handen.

Hon har lagt ifrån sig bibeln och står och gråter och torkar bort tårarna med den sammanrullade näsduken.
„Tack ska du ha!“ säger domaren än en gång och tar hennes hand och skakar den, som om den tillhörde en riktig karlakarl.

She stands erect and resolute, facing the Judges' table, all the while looking the Judge square in the face. He sits with both hands resting on the table and for a long while does not take his eyes off from her. While the Judge is looking at her, a great change comes over him. All the ennui and displeasure in his face vanishes, and the large, rough-hewn visage becomes beautifid with the most beautiful emotion. "Ah, see!" he thinks "Ah, see! such is the mettle of my people. I shall not be vexed at them when there is so much love and godliness even in one of the humblest."

Suddenly the Judge feels his eyes fill up with tears; then he pulls himself together, almost ashamed, and casts a hasty glance about him. He sees that the clerks and bailiffs and the whole long row of juryen are leaning forward and looking at the girl who stands before the Judges' table with the Bible hugged dose to her. And he sees a light in their faces, as though they had seen something very beautiful, which had made them happy all the way into their souls.

Then the Judge casts a glance over the spectators, and he sees that they all breathe a quick sigh of relief, as if they had just heard what they had longed above everything to hear.

Finally, the Judge looks at the defendant. Now it is he who stands with lowered head and looks at the floor.

The Judge turns once more to the poor girl. "It shall be as you wish," he says. "The case shall be stricken from the Calendar," — this to the recording derk.

The defendant makes a move, as if he wished to interpose an objection. "Well, what now?" the Judge bellows at him. "Have you anything against it?" The defendant's head hangs lower and lower, and he says, almost inaudibly, "Oh, no, I dare say it is best to let it go that way."

The Judge sits still a moment more, and then he pushes the heavy chair back, rises, and walks around the table and up to the plaintiff.

"Thank you! " he says and gives her his hand.

She has laid down the Bible and stands wiping away the tears with the crumpled up handkerchief.
"Thank you!" says the Judge once more, taking her hand and shaking it as if it belonged to a real man's man.

2

Ingen må tro, att flickan, som hade gått igenom en så svår stund framme vid domarbordet, själv tyckte, att hon hade gjort något berömligt. Hon ansåg tvärtom, att hon var utskämd inför hela menigheten. Hon begrep inte, att det låg något hedersamt däri, att domaren hade gått fram och skakat hand med henne. Hon trodde, att det bara betydde, att målet var avslutat och att hon fick gå sin väg.

Hon såg inte heller, att folk gav henne vänliga blickar, och att det var flera, som ville trycka hennes hand. Hon smög sig bara undan och ville bort. Men det var trängsel nere vid dörren. Tinget var slut, och det var många, som rusade på och skulle ut. Hon drog sig undan och blev visst den sista, som lämnade tingssalen. Hon tyckte, att alla andra borde gå före henne.

När hon äntligen kom ut, stod Gudmund Erlandssons kärra förspänd framför trappan. Gudmund satt i åkdonet med tömmarna i handen och syntes vänta på någon. Så snart han fick se henne bland allt folket, som strömmade ut ur tingssalen, ropade han till henne:

"Kom hit, Helga! Du kan få åka med mig, eftersom vi har samma väg."

Men fastän hon hörde sitt namn, kunde hon inte tro, att det var henne, som han kallade på. Det var inte möjligt, att Gudmund Erlandsson ville skjutsa för henne. Han var den grannaste karlen i hela socknen. Ung och vacker och av god släkt och i gunst hos alla människor. Inte kunde hon tro, att han ville ha något att göra med henne.

Hon gick med huvudduken långt framskjuten i pannan och skyndade förbi honom utan att varken se upp eller svara.

"Hör du inte, Helga, att du kan få åka med mig?" sade då Gudmund, och det låg ett riktigt vänligt uttryck i stämman. Men hon kunde inte få i sitt huvud, att Gudmund menade väl med henne. Hon trodde, att han på ett eller annat sätt ville göra narr av henne, och väntade bara, att de, som stod i närheten, skulle börja att fnissa och skratta. Hon kastade en förskrämd och harmsen blick på honom och närapå halvsprang från tingsplatsen för att vara utom hörhåll, när skrattet skulle börja

Gudmund var ogift på den tiden och bodde hemma hos föräldrarna. Fadern var hemmansägare. Han hade ingen stor gård och var inte

2

Let no one imagine that the girl who had passed through such a trying ordeal at the bar of justice thought that she had done anything praiseworthy! On the contrary, she considered herself disgraced before the whole court room. She did not understand that there was something honorable in the fact that the Judge had gone over and shaken hands with her. She thought it simply meant that the trial was over and that she might go her way.

Nor did she observe that people gave her kindly glances and that there were several who wanted to press her hand. She stole by and wanted only to go. There was a crush at the door. The court was over and many in their hurry to get out made a rush for the door. She drew aside and was about the last person to leave the court room because she felt that every one else ought to go before her.

When she finally came out, Gudmund Erlandsson's cart stood in waiting at the door. Gudmund was seated in the cart, holding the reins, and was apparently waiting for some one. As soon as he saw her among all the people who poured out of the court room, he called to her

"Come here, Helga! You can ride with me since we are going in the same direction."

Although she heard her name, she could not believe that it was she whom he was calling. It was not possible that Gudmund Erlandsson wanted to ride with her. He was the most attractive man in the whole parish, young and handsome and of good family connections and popular with every one. She could not imagine that he wished to associate with her.

She was walking with the head shawl drawn far down on her forehead, and was hastening past him without either glancing up or answering.

"Don't you hear, Helga, that you can ride with me?" said Gudmund, and there was a friendly note in his voice. But she couldn't grasp that Gudmund meant well by her. She thought that, in one way or another, he wished to make sport of her and was only waiting for those who stood near by to begin tittering and laughing. She cast a frightened and indignant glance at him, and almost ran from the Court House grounds to be out of earshot when the laughter should start in.

Gudmund was unmarried at that time and lived at home with his parents. His father was a farm-owner. His was not a large farm and he was not

förmögen, men han bärgade sig väl. Sonen hade rest till tinget för att hämta några handlingar åt fadern, men som han också hade ett annat syfte med sin färd, hade han rustat ut sig mycket väl.

Han hade tagit den nya åkkärran, som inte hade en spricka i lackeringen, hästen hade han ryktat, tills den glänste som siden, och putsat seldonen. Han hade lagt en grann, röd filt bredvid sig på kärrsitsen, och själv hade han styrt ut sig i en kort jaktrock, liten, grå filthatt och höga stövlar, i vilka byxorna var instuckna. Det var ingen helgdagsdräkt, men han visste nog, att han såg manlig och ståtlig ut i den.

Gudmund hade suttit ensam i kärran, när han reste hemifrån på morgonen, men han hade angenäma saker att tänka på, och tiden hade inte förefallit honom lång. När han hade hunnit ungefär halvvägs, hade han farit förbi en fattig tös, som hade gått mycket långsamt och sett ut, som om hon inte hade orkat flytta fötterna för trötthets skull. Det var höst, vägen var uppblött av regn, och Gudmund såg hur hon sjönk djupt ner i smörjan vid varje steg.

Han stannade och frågade vart hon skulle, och när han fick veta, att hon ämnade sig till tinget, erbjöd han henne att få åka. Hon tackade och steg upp bakpå kärran på den smala brädan, där hösäcken var fastbunden, alldeles som om hon inte vågade rubba den röda filten bredvid Gudmund. Det hade inte heller varit hans mening, att hon skulle sätta sig bredvid honom. Han visste inte vem hon var, men han antog, att hon var dotter till någon fattig backstusittare, och han tyckte, att det var gott nog för henne att åka bakpå kärran.

När de hade kommit till en uppförsbacke och hästen saktade farten, började Gudmund språka. Han ville ha reda på vad hon hette och var hon var hemma. När han hade fått höra, att hon hette Helga och var från ett skogstorp, som kallades Stormyra, började han känna sig orolig.

„Har du alltid gått där hemma på torpet, eller har du varit borta och tjänat?“ frågade han.

Det sista året hade hon varit hemma, förut hade hon haft tjänst.

„Hos vem då?“ frågade Gudmund mycket hastigt. Han tyckte, att det dröjde länge, innan svaret kom.

”I Västgården hos Per Mårtensson,” sade hon till sist och sänkte rösten, som om hon helst inte hade velat bli hörd. Men Gudmund hörde henne nog.

rich, but he made a good living. The son had gone to the Court House to fetch some deeds for his father, but as there was also another purpose in the trip, he had groomed himself carefully.

He had taken the brand-new trap with not a crack in the lacquering, had rubbed up the harness and curried the horse until he shone like satin. He had placed a bright red blanket on the seat beside him, and himself he had adorned with a short hunting-jacket, a small gray felt hat, and top boots, into which the trousers were tucked. This was no holiday attire, but he probably knew that he looked handsome and manly.

Gudmund was seated alone in the cart when he drove from home in the morning, but he had agreeable things to think of and the time had not seemed long to him. When be had arrived about half-way, he came across a poor young girl who was walking very slowly and looked as if she were scarcely able to move her feet because of exhaustion. It was autumn and the road was rain-soaked, and Gudmund saw how, with every step, she sank deeper into the mud.

He stopped and asked where she was going. When he learned that she was on her way to the Court House, he invited her to ride. She thanked him and stepped up on the back of the cart to the narrow board where the hay sack was tied, as if she dared not touch the red blanket beside Gudmund. Nor was it his meaning that she should sit beside him. He didn't know who she was, but he supposed her to be the daughter of some poor backwoodsman and thought the rear of the cart was quite good enough for her.

When they came to a steep hill and the horse began to slow down, Gudmund started talking. He wanted to know her name and where she was from. When he learned that her name was Helga, and that she came from a backwoods farm called Big Marsh, he began to feel uneasy.

"Have you always lived at home on the farm or have you been out to service? " he asked.

The past year she had been at home, but before this she had been working out.
"Where?" asked Gudmund hastily. He thought it was a long while before the answer was forthcoming.

"At the West Farm, with Per Mårtensson," she said finally, sinking her voice as if she would rather not have been heard. But Gudmund heard her.

"Jaså, då är det du, som..." sade han, men fortsatte inte meningen. Han vände sig ifrån henne, satte sig rätt i kärran och sade inte mer ett ord till henne.

Gudmund gav hästen rapp på rapp, svor högt över det dåliga väglaget och tycktes vara vid rätt dåligt lynne. Flickan höll sig stilla en stund, men snart kände Gudmund hennes hand på sin arm.

"Vad vill du?" frågade han utan att vända på huvudet.

Jo, han skulle stanna, så att hon finge hoppa av.

"Å, varför det?" sade Gudmund med försmädlig ton.
"Åker du inte bra?"

"Jo tack, men jag tycker bättre om att gå."

Gudmund stred något litet med sig själv. Det var harmligt, att han just den dagen hade bjudit en sådan som Helga att åka. Men han tyckte också, att när han hade tagit henne upp i åkdonet, kunde han inte driva ner henne.

"Håll stilla, Gudmund!" sade flickan än en gång. Hon talade helt bestämt, och Gudmund drog in tömmarna.

"Det är ju hon, som vill stiga av," tänkte han. "Jag behöver inte tvinga henne att åka mot hennes vilja."

Hon var nere på vägen, innan ännu hästen hade hunnit stanna.
Jag trodde, att du visste vem jag var, när du bjöd mig åka, sade hon.
Annars skulle jag inte ha stigit upp i åkdonet.

Gudmund sade ett kort adjö och for vidare. Hon hade nog haft rätt i att tro, att han kände henne. Han hade ju sett flickan från Stormyrtorpet mångfaldiga gånger som barn, men hon hade förändrat sig, sedan hon hade blivit vuxen. Han var först mycket glad att ha blivit av med reskamraten, men så småningom började han känna sig missnöjd med sig själv. Han hade knappast kunnat handla annorlunda, men han tyckte inte om att vara grym mot någon.

En liten stund efter att Gudmund hade skilts från Helga, vek han av från vägen, for uppför en trång gata och kom fram till en stor, präktig gård. När Gudmund höll stilla framför förstubron, öppnades ingångsdörren, och en

"Indeed! Then it is you who — " said he, but did not conclude his meaning. He turned from her, and sat up straight in his seat and said not another word to her.

Gudmund gave the horse rap upon rap and talked loudly to himself about the wretched condition of the road and was in a very bad humor. The girl sat still for a moment; presently Gudmund felt her hand upon his arm.

"What do you wish?" he asked without turning his head.

Oh, he was to stop so she could jump out.

"Why so?" sneered Gudmund.
 "Aren't you riding comfortably?"

"Yes, thank you, but I prefer to walk."

Gudmund struggled a little with himself. It was provoking that he should have bidden a person of Helga's sort to ride with him today of all days! But he thought also that since he had taken her into the wagon, he could not drive her out.

"Stop, Gudmund!" said the girl once again. She spoke in a very decided tone, and Gudmund drew in the reins.

"It is she, of course, who wishes to step down," he thought. "I don't have to force her to ride against her will."

She was down on the road before the horse had time to stop. "I thought you knew who I was when you asked me to ride," she said, "or I should not have stepped into the cart."

Gudmund muttered a short good-bye and drove on. She was doubtless right in thinking that he knew her. He had seen the girl from the marsh croft many times as a child, but she had changed since she was grown up. At first he was very glad to be rid of the travelling companion, but gradually he began to feel displeased with himself. He could hardly have acted differently, yet he did not like being cruel to any one.

Shortly after Gudmund had parted from Helga, he turned out of the road and up a narrow street, and came to a large and fine estate. As Gudmund drew up before the gate, the house door opened and one of the daughters appeared.

av döttrarna visade sig på tröskeln. Gudmund lyfte på hatten
och hälsade, och med detsamma for en lätt rodnad över hans ansikte.

„Kan just undra om nämndeman är hemma?“ sade han.

„Nej, far har rest till tinget,“ svarade dottern.

„Jaså, han är redan borta!“ sade Gudmund. "Jag for hit upp för att fråga
om nämndeman ville åka med mig. Jag ämnar mig till tinget, jag med."

"Far är alltid så tidsam av sig," klagade dottern.

"Det är ingen skada skedd," sade Gudmund.

"Far skulle nog ha tyckt om att åka efter en så präktig häst och i en så fin
kärra, som Gudmund har," sade flickan vänligt. Gudmund smålog litet,
när han hörde berömmet.

"Ja, då får jag ge mig av igen," sade han. „ Gudmund vill inte stiga in?“

"Tack så mycket, Hildur, men jag ska ju till tinget. Det går inte an, att jag
försenar mig."

Gudmund for nu raka vägen fram till tingshuset. Han var mycket belåten
och tänkte inte mer på sitt möte med Helga. Det var en lycka, att just
Hildur hade kommit ut på förstubron, så att hon hade fått se både
åkkärran och filten och hästen och seldonen. Hon hade nog lagt märke till
alltsammans.

Detta var första gången, som Gudmund var på ett ting. Han tyckte, att det
var mycket att höra och erfara där och stannade hela dagen. Han satt i
tingssalen, när Helgas mål kom före, såg hur hon ryckte till sig bibeln och
höll stånd både mot häradstjänare och domare. När allt var slut och
domaren hade skakat hand med Helga, reste sig Gudmund hastigt och
gick ut. Han satte skyndsamt hästen för kärran och körde fram till
trappan.

Han tyckte, att Helga hade varit tapper, och nu ville han hedra henne.
Men hon var så förskrämd, att hon inte förstod meningen, utan smög sig
bort från hedern, som var henne tillämnad.

Samma dag kom Gudmund till Stormyra sent på kvällen. Det var ett litet
torp, som låg på sluttningen av skogsåsen, som omgav socknen. Vägen,
som gick dit, var farbar med häst endast om vintern, när det var före, och

Gudmund raised his hat; at the same time a faint flush covered his face.

"Wonder if the Juryman is at home?" he said.

"No, father has gone down to the Court House," replied the daughter.

"Oh, then he has already gone," said Gudmund. "I drove over to ask if the Juryman would ride with me. I 'm going to the Court House."

"Father is always so punctual!" bewailed the daughter.

"It doesn't matter," said Gudmund.

"Father would have been pleased, I dare say, to ride behind such a fine horse and in such a pretty cart as you have," remarked the girl pleasantly. Gudmund smiled a little when he heard this commendation.

"Well, then, I must be off again," he said. "Won't you step in, Gudmund?"

"Thank you, Hildur, but I 'm going to the Court House, you know. It won't do for me to be late."

Now Gudmund takes the direct road to the Court House. He was very well pleased with himself and thought no more of his meeting with Helga. It was fortunate that only Hildur had come out on the porch and that she had seen the cart and blanket, the horse and harness. She had probably taken note of everything.

This was the first time Gudmund had attended a Court. He thought that there was much to see and learn, and remained the whole day. He was sitting in the court room when Helga's case came up; saw how she snatched the Bible and hugged it close, and saw how she defied both court attendants and Judge. When it was all over and the Judge had shaken hands with Helga, Gudmund rose quickly and went out. He hurriedly hitched the horse to the cart and drove up to the steps.

He thought Helga had been brave, and now he wished to honor her. But she was so frightened that she did not understand his purpose, and stole away from his intended honor.

The same day Gudmund came to the marsh croft late in the evening. It was a little croft, which lay at the base of the forest ridge that enclosed the parish. The road leading thither was passable for a horse only in winter,

Gudmund hade måst gå dit till fots. Han hade haft svårt att ta sig fram i alla fall. Han hade hållit på att bryta av sig benen på stockar och stenar, och han hade måst vada genom bäckar, som korsade stigen på flera ställen.

Hade det inte varit starkt månsken, skulle han inte ha kunnat leta sig fram till torpet, och han tänkte på att det var en hård väg, som Helga hade haft att gå denna dagen.

Stormyrtorpet låg på en avröjning ungefär halvvägs uppåt åsen. Gudmund hade inte varit där förr, men han hade sett stället många gånger nerifrån dalen, och han kände till det så mycket, att han visste, att han hade gått rätt.

Runtomkring avröjningen låg en risgärdsgård, som var mycket tät och svår att komma över. Den skulle väl vara liksom ett värn och ett försvar mot all vildmarken, som omgav torpet. Stugan stod i övre kanten av inhägnaden. Framför den utbredde sig en sluttande gårdsplan, bevuxen med kort grönt gräs, och nedanför planen låg ett par gråa uthus och en källare med grönt torvtak. Det var ett ringa och fattigt ställe, men det kunde inte nekas, att det var grant där uppe.

Myren, som torpet hade fått sitt namn efter, låg någonstans i närheten och sände upp dimmor, som vältrade fram praktfulla och silverglänsande i månskenet och slog en krans runtom åsen. Bergets högsta topp stack ännu upp över dimman, och kammen, som var taggig av granar, avtecknade sig mot himlen.

Nere över dalen låg månskenet så ljust, att man kunde urskilja både fälten och gårdarna och en slingrande bäck, över vilken dimman svävade fram som den lättaste rök. Det var inte långt dit ner, men det märkvärdiga var, att dalen låg som en främmande värld, där det, som hörde skogen till, inte tycktes ha något att skaffa. Det var, som om människorna, som bodde här i skogstorpet, alltid måste gå kvar under träden. De måtte lika litet kunna trivas nere i dalen som tjädrar och berguvar och lodjur och lingon och skogsstjärnor.

Gudmund gick över den öppna gräsmarken fram till stugan. Det flöt ut eldsken genom fönstret, ingenting var satt för rutorna, och han såg in för att ta reda på om Helga fanns i stugan. Det brann en liten lampa på ett bord vid fönstret, och där satt husfadern och lappade gamla skor. Husmodern satt längre inåt rummet bredvid spisen, där det brann en svag

and Gudmund had to go there on foot. It was difficult for him to find his way. He came near breaking his legs on stumps and stones, and he had to wade through brooks which crossed the path in several places.

Had it not been for the bright moonlight, he could not have found his way to the croft. He thought it was a very hard road that Helga had to tramp this day.

Big Marsh croft lay on the clearing about half-way up the ridge. Gudmund had never been there before, but he had often seen the place from the valley and was sufficiently familiar with it to know that he had gone right.

All around the clearing lay a hedge of brushwood, which was very thick and difficult to get through. It was probably meant to be a kind of defence and protection against the whole wilderness that surrounded the croft. The cabin stood at the upper edge of the enclosure. Before it stretched a sloping house-yard covered with shorty thick grass; and below the yard lay a couple of gray outhouses and a larder with a moss-covered roof. It was a poor and humble place, but one couldn't deny that it was picturesque up there.

The marsh, from which the croft had derived its name, lay somewhere near and sent forth mists which rose, beautiful, splendid, and silvery, in the moonlight, forming a halo around the marsh. The highest peak of the mountain loomed above the mist, and the ridge, prickly with pines, was sharply outlined against the horizon.

Over the valley shone the moon. It was so light that one could distinguish fields and orchards and a winding brook, over which the mists curled, like the faintest smoke. It was not very far down there, but the peculiar thing was that the valley lay like a world apart, with which the forest and all that belonged to it seemed to have nothing in common. It was as if the people who lived here in the forest must ever remain under the shadow of these trees. They might find it quite as hard to feel contented down in the valley as woodcock and eagle-owl and lynx and star-flowers.

Gudmund tramped across the open grass-plot and up to the cabin. There a gleam of firelight streamed through the window. As there were no shades at the windows, he peeped into the cabin to see if Helga was there. A small lamp burned on the table near the window, and there sat the master of the house, mending old shoes. The mistress was seated farther back in the

eld. Hon hade spinnrock framför sig, men hade upphört med arbetet för att leka med ett litet barn.

Hon hade tagit upp det ur vaggan, och det hördes ända ut till Gudmund hur hon jollrade med det. Hennes ansikte var fårat av många rynkor, och hon såg sträng ut, men när hon böjde sig över barnet, fick hon ett milt uttryck, och hon log mot den lille lika ömt, som hans egen mor kunde ha gjort.

Gudmund spanade efter Helga, men kunde inte se henne i någon vrå av stugan. Han tyckte då, att det var bäst att stanna utanför, tills hon komme. Han var förvånad över att hon inte hade hunnit hem. Kanske att hon hade tagit in hos bekanta på hemvägen för att vila och äta? Men i alla fall måste hon snart komma, om hon ville vara under tak före natten.

Gudmund stod tyst en stund mittpå gården och lyssnade efter steg. Det var alldeles lugnt. Inte en vind var i rörelse. Han tyckte, att han aldrig förr hade lagt märke till en sådan stillhet. Det var, som om hela skogen höll andan och stod och väntade på något märkvärdigt.

Ingen gick i skogen. Det bröts ingen gren, och ingen sten rullade undan. Helga var nog inte att vänta på länge. "Jag undrar vad hon kommer att säga, när hon får se, att jag är här," tänkte Gudmund. "Hon kommer kanske att skrika och rymma inåt skogen och inte våga sig hem på hela natten."

Med detsamma kom han att tänka på att det var rätt besynnerligt, att han nu på en gång hade fått så mycket att skaffa med den där torpartösen.

När han hade kommit hem från tinget, hade han som vanligt gått in till sin mor för att berätta henne allt det, som han hade upplevat under dagen. Gudmunds mor var klok och storsinnad och hade alltid förstått att vara sådan mot sonen, att han hade lika mycket förtroende för henne nu, som då han var barn. Hon var sjuk sedan flera år tillbaka, kunde inte gå, utan satt hela dagen stilla i sin stol. Det var alltid en god stund för henne, då Gudmund kom hem från en resa och förde till henne nyheter.

När Gudmund hade berättat om Helga från Stormyra, såg han, att modern blev tankfull. En lång stund satt hon tyst och såg rätt framför sig.

"Det tycks ändå finnas något gott hos den där tösen," sade hon därpå. "Det går väl inte an att förkasta någon, därför att hon har råkat illa ut en gång. Det torde nog hända, att hon skulle visa sig tacksam mot den, som nu bistode henne."

room,close to the fireplace, where a slow fire burned. The spinning-wheel was before her, but she had paused in her work to play with a little child.

She had taken it up from the cradle, and Gudmimd heard how she prattled to it. Her face was lined and wrinkled and she looked severe. But, as she bent over the child, she had a mild expression and she smiled as tenderly at the little one as his own mother might have done.

Gudmund peered in, but could not see Helga in any comer of the cabin. Then he thought it was best to remain outside until she came. He was surprised that she had not reached home. Perhaps she had stopped on the way somewhere to see an acquaintance and to get some food and rest? At all events, she would have to come back soon if she wished to be indoors before it was very late at night.

Gudmund stood still a moment and listened for footsteps. He thought that never before had he sensed such stillness. It was as though the whole forest held its breath and stood waiting for something extraordinary to happen.

No one tramped in the forest, no branch was broken, and no stone rolled down. "Surely, Helga won't be long in coming. I wonder what she will say when she sees that I'm here?" thought Gudmund. "Perhaps she will scream and rush into the forest and will not dare come home the whole night!"

At the same time it struck him as rather strange that now, all of a sudden, he had so much business with that marsh croft girl!

On his return from the Court House to his home, he had, as usual, gone to his mother to relate his experiences of the day. Gudmund's mother was a sensible and broad-minded woman who had always understood how to treat her son, and he had as much confidence in her now as when he was a child. She had been an invalid for several years and could not walk, but sat all day in her chair. It was always a good hour for her when Gudmund came home from an outing and brought her the news.

When Gudmund had told his mother about Helga from Big Marsh, he observed that she became thoughtful. For a long while she sat
quietly and looked straight ahead.

"There seems to be something good in that girl still," she remarked. "It will never do to condemn a person because she has once met with misfortune. She might be very grateful to any one who helped her now."

Gudmund förstod genast vad modern tänkte på. Hon kunde numera inte hjälpa sig själv, utan måste ständigt ha någon omkring sig, som stod till hennes tjänst. Men det var alltid svårt att finna någon, som ville stanna på den platsen. Modern var fordrande och inte lätt att göra till lags, och dessutom ville alla unga hellre ha annat arbete, där de hade mera frihet.

Nu hade det troligen fallit modern in, att hon skulle ta Helga från Stormyra i sin tjänst, och Gudmund fann, att detta var ett gott förslag. Helga skulle säkert bli modern mycket tillgiven.

"Det blir svårast med barnet," sade modern om en stund, och Gudmund kunde förstå, att hon tänkte allvarligt på saken.

"Det måtte väl få stanna hos morföräldrarna," sade Gudmund.
"Det är inte sagt, att hon vill skilja sig från det."

"Hon får nog låta bli att tänka på vad hon vill och inte vill. Jag tyckte, att hon såg utsvulten ut. De har nog inte mycket att äta där uppe i torpet."

Härpå svarade modern ingenting, utan började tala om annat. Det märktes, att hon hade fått några nya betänkligheter, som hindrade henne från att besluta sig.

Gudmund började nu berätta om hur han hade gjort sig ärende fram till nämndemannens på Alvåkra och råkat Hildur. Han talade om vad hon hade sagt om hästen och åkdonet, och det var lätt att märka, att han var glad åt mötet. Modern blev också mycket nöjd. Där hon satt orörlig i stugan, var det hennes ständiga sysselsättning att spinna planer för sonens framtid, och det var hon, som först hade hittat på, att han skulle försöka att slå sig ut för den vackra nämndemansdottern. Det var det präktigaste gifte han kunde få.

Nämndemannen var en riktig storbonde. Han ägde den största gården i socknen och satt inne med mycken makt och mycket pengar. Det var egentligen orimligt att hoppas, att han skulle vilja nöja sig med en måg, som inte hade större förmögenhet än Gudmund, men det var också möjligt, att han skulle rätta sig efter vad hans dotter önskade. Och att Gudmund skulle kunna vinna Hildur, om han ville, det var modern ganska viss om.

Detta var första gången, som Gudmund lät modern märka, att tanken hade slagit rot hos honom, och de talade nu länge om Hildur och om alla

Gudmund apprehended at once what his mother was thinking of. She could no longer help herself, but must have some one near her continually, and it was always difficult to find anybody who cared to remain in that capacity. His mother was exacting and not easy to get on with, and, moreover, all young folk preferred other work where they could have more freedom.

Now, it must have occurred to his mother that she ought to take Helga from Big Marsh into her service, and Gudmund thought this a capital idea. Helga would certainly be very devoted to his mother.

"It will be hard for the child" remarked the mother after a little, and Gudmund understood that she was thinking seriously of the matter.

"Surely the parents would let it stay with them?" said Gudmund. "It does not follow that she wants to part with it."

"She will have to give up thinking of what she wants or doesn't want. I thought that she looked starved out. They can't have much to eat at the croft" said the son.

To this his mother made no reply, but began to talk of something else. It was evident that some new misgivings had come to her, which hindered her from coming to a decision.

Then Gudmund told her of how he had found a pretext for calling at the Juryman's at Alvåkra and had met Hildur. He mentioned what she had said of the horse and wagon, and it was easily seen that he was pleased with the meeting. His mother was also very much pleased. Where she sat in the cottage, unable to move from her chair, it was her constant occupation to spin plans for her son's future, and it was she who had first hit upon the idea that he should try and set his cap for the pretty daughter of the Juryman. It was the finest match he could make.

The Juryman was a yeoman farmer. He owned the largest farm in the parish and had much money and power. It was really absurd to hope that he would be satisfied with a son-in-law with no more wealth than Gudmund, but it was also possible that he would conform to his daughter's wishes. That Gudmund could win Hildur if he so wished, his mother was certain.

This was the first time Gudmund had betrayed to his mother that her thought had taken root in him, and they talked long of Hildur and of all

de rikedomar och fördelar, som skulle tillfalla den, som finge henne.

Men snart stannade samtalet åter av, därför att modern ånyo hade sjunkit ner i sina funderingar.

"Skulle du kunna skicka bud efter den där Helga? Jag ville nog se henne, innan jag tar henne i min tjänst, sade hon till sist."

"Det var bra, att ni vill ta er an henne, mor," sade Gudmund och tänkte inom sig, att om modern finge en sköterska, som hon trivdes med, skulle hans hustru få ett behagligare liv här hemma.

"Ni ska få se, att ni blir nöjd med tösen," fortfor han.

"Det vore ju också en god gärning att ta hand om henne," sade modern.

Då det började skymma gick den sjuka till sängs, och Gudmund begav sig ut i stallet för att rykta hästarna. Det var vackert väder, klar luft, och hela nejden låg övergjuten av månsken. Det föll honom in, att han borde gå till Stormyra och framföra moderns hälsning redan samma kväll. Bleve det uppehållsväder nästa dag, skulle man få så bråttom med att köra in havre, att varken han eller någon annan hade tid att gå dit.

När nu Gudmund stod utanför Stormyrtorpet och lyssnade, hörde han visserligen inga fotsteg, men däremot var det andra ljud, som med korta uppehåll skar igenom tystnaden. Det var en sakta klagan, ett mycket lågt och kvävt jämrande och så en och annan snyftning. Gudmund tyckte sig märka, att ljuden kom från uthuslängan, och han gick fram mot denna. Då han närmade sig, upphörde snyftningarna, men det var tydligt, att någon rörde sig inne i vedskjulet. Gudmund tyckte sig med ens förstå vem som fanns där inne.

"Är det du, Helga, som sitter här och gråter?" sade Gudmund och ställde sig i dörröppningen, för att flickan inte skulle kunna rusa bort, innan han hade talat med henne.

Det blev återigen alldeles tyst. Det var nog rätt gissat av Gudmund, att det var Helga, som satt där och grät, men hon försökte kväva snyftningarna, för att Gudmund skulle tro, att han hade hört miste, och gå sin väg. Det var kolmörkt inne i skjulet, och hon visste, att han inte kunde se henne.

Men Helga var i sådan förtvivlan den kvällen, att det inte var lätt för henne

the riches and advantages that would come to the chosen one.

Soon there was another lull in the conversation, for his mother
was again absorbed in her thoughts.

Couldn't you send for this Helga? I should like to see her before taking her
into my service," said the mother finally.

" It is well, mother, that you wish to take her under your wing," remarked
Gudmund, thinking to himself that if his mother had a nurse with whom
she was satisfied, his wife would have a pleasanter life here.

You 'll see that you will be pleased with the girl," he continued.

"Then, too, it would be a good deed to take her in hand," added the
mother.

As it grew dusk, the invalid retired, and Gudmund went out to the stable
to tend the horses. It was beautiful weather, with a clear atmosphere, and
the whole tract lay bathed in moonlight. It occurred to him that he ought
to go to Big Marsh tonight and convey his mother's greeting. If the
weather should continue clear on the morrow, he would be so busy taking
in oats that neither he nor any one else would find time to go there.

Now that Gudmund was standing outside the cabin at Big Marsh croft
listening, he certainly heard no footsteps. But there were other sounds
which at short intervals pierced through the stillness. He heard a soft
weeping, a very low and smothered moaning, with now and then
a sob. Gudmund thought that the sounds came from the outhouse lane,
and he walked toward it. As he was nearing, the sobs ceased; but it was
evident that some one moved in the woodshed. Gudmund seemed to
comprehend instantly who was there.

"Is it you, Helga, who sit here and weep?" asked Gudmund, placing
himself in the doorway so that the girl could not rush away before he had
spoken with her.

Again it was perfectly still. Gudmund had guessed rightly that it was Helga
who sat there and wept; but she tried to smother the sobs, so that
Gudmund would think he had heard wrongly and go away. It was pitch
dark in the woodshed, and she knew that he could not see her.

But Helga was in such despair that evening it was not easy for her to keep

att hålla tillbaka gråten. Hon hade ännu inte varit inne i stugan och hälsat på föräldrarna. Det hade hon inte haft mod till.

När hon i skymningen hade gått uppför de tunga backarna och tänkt på att hon nu måste tala om för föräldrarna, att hon inte skulle få någon uppfostringshjälp av Per Mårtensson, hade hon blivit så rädd för allt det hårda och grymma, som hon trodde att de skulle komma att säga till henne, och tänkte att begrava sig själv i myren.

Och i sin förskräckelse rusade hon upp och ville skynda förbi Gudmund. Men han var henne för snabb. Han grep tag om hennes arm och höll fast henne.

"Nej, du! Du kommer inte undan, förrän jag har fått tala vid dig."

"Låt mig bara gå!" sade hon och såg vilt på honom.

"Du ser ut, som om du ville gå i sjön," sade han, för nu var hon ute i månskenet, och han kunde se hennes ansikte.

"Ja, det gjorde väl heller ingenting, om jag det gjorde," sade Helga och kastade med detsamma tillbaka huvudet och såg honom rätt in i ögonen. I morse ville du inte en gång ha mig åkande bakpå kärran din. Ingen vill ha något att göra med mig. Du måtte väl begripa, att det är bäst för en sådan stackare som jag, att jag gör slut på mig.

Gudmund visste inte vad han skulle ta sig till. Han önskade, att han vore långt borta, men han tyckte också, att han inte kunde överge en människa, som var i sådan förtvivlan."Hör nu på mig! Lova bara, att du hör på vad jag har att säga dig, så ska du sedan få gå vart du vill!"

Ja, det lovade hon.

"Finns det något här att sitta på?"

"Huggkubben är ju där borta."

"Gå då dit och sätt dig, och var stilla!"

Hon gick helt lydigt och satte sig. "Gråt så inte mer!" sade han, för han tyckte, att han hade börjat att få makt med henne. Men det skulle han inte ha sagt, för hon lutade genast huvudet i händerna och grät värre än någonsin.

back the sobs. She had not as yet gone into the cabin to see her parents. She had n't had the courage to go in.

When she trudged up the steep hill in the twilight and thought of how she must tell her parents that she was not to receive any assistance from Per Mårtensson in the rearing of her child, she began to fear all the harsh and cruel things she felt they would say to her and thought of burying herself in the swamp.

And in her terror she jumped up and tried to rush past Gudmund; but he was too alert for her.

"Oh, no! You shan't get by before I have spoken with you."

"Only let me go!" she said, looking wildly at him.

"You look as if you wanted to jump into the river" said he; for now she was out in the moonlight and he could see her face.

"Well, what matters it if I did?" said Helga, throwing her head back and looking him straight in the eye. "This morning you didn't even care to have me ride on the back of your cart. No one wants to have anything to do with me! You must surely understand that it is best for a miserable creature like me to put an end to herself."

Gudmund did not know what to do next. He wished himself far away, but he thought, also, that he could not desert a person who was in such distress. "Listen to me! Only promise that you will listen to what I have to say to you; afterwards you may go wherever you wish."

She promised.

"Is there anything here to sit on?"

"The chopping-block is over yonder."

"Then go over there and sit down and be quiet!"

She went very obediently and seated herself. "And don't cry any more!" said he, for he thought he was beginning to get control over her. But he should not have said this, for immediately she buried her face in her hands and cried harder than ever.

"Gråt inte!" sade han och var färdig att stampa med foten i marken åt henne. "Det finns nog de, som har det värre än du."

"Nej, ingen kan ha det värre."

"Du är ung och frisk. Du skulle bara veta hur min mor har det. Hon är så förstörd av värk, att hon inte kan röra sig, men hon klagar aldrig."

"Hon är inte övergiven av alla, hon, som jag."

"Du är inte övergiven, du heller. Jag har talat vid mor om dig, och mor har skickat mig hit till dig."

Det blev ett uppehåll i snyftningarna. Man liksom hörde den stora tystnaden i skogen, som alltid höll andan och väntade på något förunderligt.

„Jag skulle hälsa till dig, att du skulle komma ner till mor i morgon, så att hon finge se dig. Mor tänker fråga dig om du vill komma i tjänst hos oss."

"Tänkte hon fråga mig?"

"Ja, men hon vill se dig först."

"Vet hon, att..."

"Hon vet lika mycket om dig som alla andra."

Flickan rusade upp med ett anskri av glädje och häpnad,och i nästa ögonblick kände Gudmund ett par armar om sin hals. Han blev rent förskrämd, och hans första tanke var att rycka sig lös, men så lugnade han sig och blev stående. Han förstod, att tösen var så utom sig av glädje, att hon inte visste vad hon gjorde. I det ögonblicket kunde hon ha kastat sig om halsen på den värsta skojare bara för att få litet medkänsla i den stora lycka, som hade kommit över henne.

"Vill hon la mig i tjänst, då kan jag ju få leva!" sade hon och lade sitt huvud mot Gudmunds bröst och grät återigen, men inte så våldsamt som förut.

"Du kan veta, att det var allvar, att jag ville gå i myren," sade hon. "Du ska ha tack för att du kom! Du har räddat livet åt mig."

"Stop crying!" he said, ready to stamp his foot at her. "There are those, I dare say, who are worse off than you are."

"No, no one can be worse off!"

"You are young and strong. You should see how my mother fares! She is so wasted from suffering that she cannot move, but she never complains."

" She is not abandoned by everybody, as I am."

" You are not abandoned, either. I have spoken with my mother about you."

There was a pause in the sobs. One heard, as it were, the great stillness of the forest, which always held its breath and waited for something wonderful.

"I was to say to you that you should come down to my mother tomorrow that she might see you. Mother thinks of asking if you would care to take service with us."

"Did she think of asking me?"

"Yes; but she wants to see you first."

"Does she know that ..."

"She knows as much about you as all the rest do."

The girl leaped up with a cry of joy and wonderment, and the next moment Gudmund felt a pair of arms around his neck. He was thoroughly frightened, and his first impulse was to break loose and run; but he calmed himself and stood still. He understood that the girl was so beside herself with joy that she didn't know what she was doing. At that moment she could have hugged the worst ruffian, only to find a little sympathy in the great happiness that had come to her.

"If she will take me into her service, I can live!" said she, burying her head on Gudmund's breast and weeping again, but not as much as before.

" You may know that I was in earnest when I wished to go down into the swamp," she said. "You deserve thanks for coming. You have saved my life."

Gudmund hade ända hittills stått orörlig, men nu kände han, att något varmt och ömt började röra sig inom honom. Han lyfte handen och strök henne över håret. Då spratt hon till, som om han hade väckt henne ur en dröm, och ställde sig kapprak framför honom.

”Du ska ha tack för att du kom!” sade hon än en gång. Hon hade blivit blossande röd i ansiktet, och han rodnade, han också.

”Ja, då kommer du hem i morgon,” sade han och sträckte ut handen för att säga farväl.

”Jag ska aldrig glömma, att du kom till mig i kväll,” sade Helga, och den stora tacksamheten tog överhand över förlägenheten.

”Å ja, det var kanske bra, att jag kom,” sade han helt lugnt, men kände sig ganska nöjd med sig själv. ”Du går väl in nu?”

”Jaj nu ska jag nog gå in.”

Gudmund kände sig plötsligen så där glad åt Helga, som man brukar bli åt den, som man har lyckats hjälpa. Han stod och dröjde och ville inte gå. ”Jag ville gärna se dig inne under tak, innan jag går.”

”Jag tänkte, att de skulle få gå till sängs, innan jag gick in.”

”Nej, du ska gå genast, så att du får äta och komma till ro,” sade han och tyckte, att det var roligt att ta hand om henne.

Hon gick genast upp mot torpstugan, och han följde med, helt nöjd och stolt över att hon lydde honom.

När hon stod på tröskeln, sade de omigen farväl till varandra, men innan han hade gått mer än ett par steg, kom hon efter honom. ”Stanna här ute, tills jag har kommit in! Det går lättare, om jag vet, att du står härutanför.”

”Ja, sade han, jag ska stanna här, tills du har stått över det värsta.”

Därpå öppnade Helga stugdörren, och Gudmund märkte, att hon lämnade den lite på glänt. Det var, liksom för att hon inte skulle känna sig skild från hjälparen, som stod därutanför. Han gjorde sig inte heller samvete av att höra och se allt, som hände inne i stugan.

Until then Gudmund had been standing motionless, but now he felt that something tender and warm was beginning to stir within him. He raised his hand and stroked her hair. Then she started, as if awakened from a dream, and stood up straight as a rod before him.

"You deserve thanks for coming," she repeated. She had become flame-red in the face, and he too reddened.

"Well, then, you will come home tomorrow," he said, putting out his hand to say good-bye.

"I shall never forget that you came to me tonight!" said Helga, and her great gratitude got the mastery over her shyness.

"Oh, yes, it was well perhaps that I came," he said quite calmly, and he felt rather pleased with himself. "You will go in now, of course?"

"Yes, now I shall go in."

Gudmund suddenly felt himself rather pleased with Helga, too — as one usually is with a person whom one has succeeded in helping. He lingered and did not want to go. "I would like to see you safely under shelter before I leave."

"I thought they might retire before I went in."

"No, you must go in at once, so that you can have your supper and rest yourself" said he, thinking it was agreeable to take her in hand.

She went at once to the cabin, and he accompanied her, pleased and proud because she obeyed him.

When she stood on the threshold, they said good-bye to each other again; but before he had gone two paces, she came after him. "Remain just outside the door until I am in. It will be easier for me if I know that you are standing without."

"Yes," said he, "I shall stand here until you have come over the worst of it."

Then Helga opened the cabin door, and Gudmund noticed that she left it slightly ajar. It was as if she did not wish to feel herself separated from her helper who stood without. Nor did he feel any compunction about hearing all that happened within the cabin.

De gamla nickade vänligt åt Helga, när hon kom in. Modern lade genast ner barnet i vaggan, gick sedan fram till skåpet och hämtade en skål mjölk och en kaka bröd och satte fram detta på bordet.

”Se här! Sätt dig nu och ät!” sade hon. Därpå gick hon fram till spisen och friskade upp brasan. ”Jag har hållit elden vid liv, för att du skulle få torka kläderna och bli varm, när du kom. Men ät nu först! Det är väl mat, som du mest av allt behöver.”

Helga hade hela tiden stått kvar vid dörren. ”Ni ska inte ta så väl emot mig, mor,” sade hon med låg röst. ”Jag får inga pengar av Per. Jag har avsagt mig hjälpen.”

”Det har allt varit en här i kväll, som hade varit på tinget och hört hur det gick för dig,” sade modern. ”Vi vet alltihop.” Helga stod kvar vid dörren och såg ut, som om hon visste varken ut eller in.

Då lade torparen ner arbetet, sköt upp glasögonen i pannan och harklade sig för att hålla ett tal, som han hade tänkt över hela kvällen.

”Det är så, Helga,” sade han, ”att mor och jag, vi har alltid velat vara anständigt och hederligt folk, men vi har tyckt, att vi har råkat i vanheder för din skull. Det är, som om vi inte skulle ha lärt dig att skilja på ont och gott. Men när vi fick höra vad du har gjort i dag, så sa vi till varandra, mor och jag, att nu kunde ändå folk se, att du har fått en rätt uppfostran och lärdom, och vi har tänkt, att vi kanske ännu kunde få glädje av dig. Och mor ville inte, att vi skulle gå och lägga oss, förrän du kom, så att du skulle få en hedersam hemkomst.”

3

Helga från Stormyra kom nu till Närlunda, och där gick allt bra. Hon var villig och läraktig och tacksam för vart vänligt ord, som sades till henne. Hon kände sig alltid som den ringaste och ville aldrig tränga sig fram. Det dröjde inte länge, förrän både husbondfolket och kamraterna var nöjda med henne.

De första dagarna såg det ut, som om Gudmund skulle vara rädd för att tala med Helga. Han fruktade, att den där Stormyrtösen skulle gå och göra sig inbillningar, därför att han hade kommit henne till hjälp. Men det var

The old folks nodded pleasantly to Helga as she came in. Her mother promptly laid the child in the crib, and then went over to the cupboard and brought out a bowl of milk and a bread cake and placed them on the table.

"There! Now sit down and eat," said she. Then she went up to the fireplace and freshened the fire. "I have kept the fire alive, so you could dry your feet and warm yourself when you came home. But eat something first! It is food that you need most."

All the while Helga had been standing at the door. "You mustn't receive me so well, mother," she said in a low tone. "I will get no money from Per. I have renounced his help."

"There was someone here from the Court House this evening who had been there and heard how it turned out for you," said the mother. "We know all." Helga was still standing by the door, looking out, as if she knew not which was in or out.

Then the farmer put down his work, pushed his spectacles up on his forehead, and cleared his throat for a speech of which he had been thinking the whole evening.

"It is a fact, Helga," said he, "that mother and I have always wanted to be decent and honorable folk, but we have thought that we had been disgraced on your account. It was as if we had not taught you to distinguish between good and evil. But when we learned what you did to-day, we said to each other — mother and I — that now folks could see anyway that you have had a proper bringing up and right teaching, and we thought that perhaps we might yet be happy in you. And mother did not want that we should go to bed before you came that you might have a hearty welcome home."

3

Helga from the marsh croft came to Närlunda, and there all went well. She was willing and teachable and grateful for every kind word said to her. She always felt herself to be the humblest of mortals and never wanted to push herself ahead. It was not long until the household and the servants were satisfied with her.

The first days it appeared as if Gudmund was afraid to speak to Helga. He feared that this croft girl would get notions into her head because he had

onödiga bekymmer. Helga höll honom alltför härlig och präktig för att hon skulle våga höja sina blickar till honom.
Gudmund märkte också snart, att han inte behövde hålla henne på avstånd. Hon var mer skygg för honom än för någon annan.

Samma höst som Helga kom till Närlunda, gjorde Gudmund många besök hos nämndemannens på Älvåkra, och det talades mycket om att han skulle ha goda utsikter att bli måg där i gården. Fullt viss om att han hade haft framgång med frieriet blev man först under julen. Då kom nämndemannen med hustru och dotter till Närlunda, och det var tydligt, att de hade rest dit för att se hur Hildur skulle få det, om hon gifte sig med Gudmund.

Det var första gången, som Helga såg henne, som Gudmund skulle gifta sig med, på nära håll. Hildur Eriksdotter var ännu inte tjugu år, men det var det märkliga med henne, att ingen kunde se henne utan att tänka på vilken ståtlig och präktig husmor det en gång skulle bli av henne. Hon var högväxt, starkt byggd, ljus och vacker och såg ut att tycka om att ha många omkring sig att ta vård om. Hon var aldrig skygg eller blyg, talade mycket och tycktes veta allting bättre än den, som hon talade med.

Hon hade gått i skola i staden ett par år och hade de vackraste kläder, som Helga hade sett, men hon föreföll inte flärdfull eller fåfäng. Så rik och så vacker, som hon var, hade hon när som helst kunnat bli gift med en herreman, men hon sade alltid, att hon inte ville bli en fin fru och sitta med händerna i kors. Hon ville gifta sig med en bonde och själv sköta sitt hus som en riktig bondhustru.

Helga tyckte, att Hildur var ett riktigt under. Aldrig hade hon sett någon, som framträtt så präktigt. Hon hade inte trott, att en människa kunde vara så fullkomlig i alla stycken. Det syntes henne vara en stor lycka att i framtiden få tjäna under en sådan matmor.

Allt hade avlupit väl under nämndemannens besök, men när Helga tänkte tillbaka på den dagen, erfor hon en viss oro. Det var så, att när de främmande nyss var komna, hade hon gått omkring och bjudit kaffe. När hon hade kommit in med brickan, hade nämndemansmor böjt sig fram mot hennes matmor och frågat om det där var tösen från Stormyrtorpet. Hon hade inte sänkt rösten särdeles mycket, utan Helga hade tydligt hört frågan.

Mor Ingeborg hade svarat ja, och då hade den andra sagt något, som Helga inte hade kunnat höra. Men det hade varit något om att hon tyckte, att det var underligt, att de ville ha en sådan människa i huset.

come to her assistance. But these were needless worries. Helga regarded
him as altogether too fine and noble for her even to raise her eyes to.
Gudmund soon perceived that he did not have to keep her at a distance.
She was more shy of him than of any one else.

The autumn that Helga came to Närlunda Gudmund paid many visits to
Älvåkra, and there was much talk about the good chance he stood of being
the prospective son-in-law of this estate. That the courtship had been
successful all were assured at Christmas. Then the Juryman, with his wife
and daughter, came over to Närlunda and it was evident that they had
come there to see how Hildur would fare if she married Gudmund.

This was the first time that Helga saw, at close range, her whom Gudmund
was to marry. Hildur Ericsdotter was not yet twenty, but the marked thing
about her was that no one could look at her without thinking what a
handsome and dignified mistress she would be some day. She was tall and
well built, fair and pretty, and apparently liked to have many about her to
look after. She was never timid; she talked much and seemed to know
everything better than the one with whom she was talking.

She had attended school in the city for a couple of years and wore the
prettiest frocks Helga had ever seen, but yet she didn't impress one as
being showy or vain. Rich and beautiful as she was, she might have
married a gentleman at any time, but she always declared that she did not
wish to be a fine lady and sit with folded hands. She wanted to marry a
farmer and look after her own house, like a real farmer's wife.

Helga thought Hildur a perfect wonder. Never had she seen any one who
made such a superb appearance. Nor had she ever dreamed that a person
could be so nearly perfect in every particular. To her it seemed a great joy
that in the near future she was to serve such a mistress.

Everything had gone off well during the Juryman's visit. But whenever
Helga looked back upon that day, she experienced a certain unrest. It
seems that when the visitors had arrived, she had gone around and served
coffee. When she came in with the tray, the Juryman's wife leaned forward
and asked her mistress if she was not the girl from the marsh croft. She
did not lower her voice much, and Helga had distinctly heard the question.

Mother Ingeborg answered yes, and then the other had said something
which Helga could n't hear. But it was to the effect that she thought it
singular they wanted a person of that sort in the house. This caused Helga

Detta vållade Helga många bekymmer, men hon sökte trösta sig med att det var modern och inte Hildur, som hade sagt orden.

En söndag under vårvintern kom Helga och Gudmund att gå i sällskap från kyrkan. När de hade vandrat utför kyrkbacken, hade de gått med i en stor flock av annat kyrkfolk, men snart hade den ena efter den andra droppat av, och till sist var Helga och Gudmund ensamma.

Gudmund kom då strax att tänka på att han inte hade varit ensam med Helga sedan den där kvällen på torpet, och minnet därav kom nu starkt tillbaka till honom. Han hade tänkt på deras första möte ofta nog under vintern och därvid alltid känt något ljuvt och behagligt ila genom sinnet. När han gick ensam vid arbetet, brukade han kalla fram för tanken hela den vackra natten: den vita dimman, det starka månskenet, den svarta skogshöjden, den ljusa dalen och så flickan, som hade slagit sina armar om hans hals och gråtit av glädje.

Hela händelsen blev vackrare för var gång den kom tillbaka i hans minne. Men när Gudmund såg Helga gå där hemma bland de andra i slit och arbete, hade han svårt att tänka sig, att det var hon, som hade varit med om detta. Nu, då han gick ensam med henne på kyrkvägen, kunde han inte låta bli att önska, att hon för en stund skulle bli densamma, som hon hade varit den kvällen.

Helga började strax tala om Hildur. Hon berömde henne mycket, sade, att hon var den vackraste och klokaste flickan i hela trakten, och lyckönskade Gudmund till att han skulle få en så utmärkt hustru.
"Du får säga till henne, att hon alltid låter mig stanna på Närlunda," sade hon. "Det ska bli roligt att tjäna under en sådan matmor."

Gudmund smålog åt hennes iver, men gav bara enstaviga svar, som om han inte riktigt följde med. Men det var ju bra, att hon tyckte så mycket om Hildur och att hon var så glad åt att han skulle gifta sig.

"Du har visst trivts bra hos oss i vinter?" sade han.

"Det har jag visst. Jag kan inte säga hur goda mor Ingeborg och ni alla har varit mot mig."

"Har du längtat upp till skogen?"

"Å ja, i början, men inte numera."

many anxious moments. She tried to console herself with the thought that it was not Hildur, but her mother, who had said this.

One Sunday in the early spring Helga and Gudmund walked home together from church. As they came down the slope, they were with the other church people; but soon one after another dropped off until, finally, Helga and Gudmund were alone.

Then Gudmund happened to think that he had not been alone with Helga since that night at the croft, and the memory of that night came forcibly back to him. He had thought of their first meeting often enough during the winter, and with it he had always felt something sweet and pleasant thrill through his senses. As he went about his work, he would call forth in thought that whole beautiful evening: the white mist, the bright moonlight, the dark forest heights, the light valley, and the girl who had thrown her arms round his neck and wept for joy.

The whole incident became more beautiful each time that it recurred to his memory. But when Gudmund saw Helga going about among the others at home, toiling and slaving, it was hard for him to think that it was she who had shared in this. Now that he was walking alone with her on the church slope, he couldn't help wishing for a moment that she would be the same girl she was on that evening.

Helga began immediately to speak of Hildur. She praised her much: said she was the prettiest and most sensible girl in the whole parish, and congratulated Gudmund because he would have such an excellent wife. " You must tell her to let me remain always at Närlunda," she said. "It will be a pleasure to work for a mistress like her."

Gudmund smiled at her enthusiasm, but answered only in monosyllables, as if he did not exactly follow her. It was well, of course, that she was so fond of Hildur, and so happy because he was going to be married.

"You have been content to be with us this winter?" he asked.

"Indeed I have! I cannot begin to tell you how kind mother Ingeborg and all of you have been to me!"

"Have you not been homesick for the forest?"

"Oh, yes, in the beginning, but not now any more."

"Jag trodde, att den, som hörde skogen till, inte kunde låta bli att längta dit."

Helga vände sig halvt om och såg på honom, som gick på andra sidan vägen. Gudmund hade gått och blivit rent främmande för henne, men nu var det något i tonfallet och i leendet, som hon kände igen. Jo, han var nog densamme, som hade kommit och räddat henne i hennes högsta nöd. Fastän han skulle gifta sig med en annan, var hon säker om att han ville vara henne en god vän och trogen hjälpare.

Hon blev så glad, kände, att hon kunde ha förtroende för honom som för ingen annan, och tyckte, att hon måste tala om för honom allt, som hade hänt henne, sedan de sist språkades vid.

"Jag ska säga dig, att jag hade det ganska svårt de första veckorna på Närlunda," började hon. Men du får inte tala om detta för mor Ingeborg.

"Om du vill, att jag ska tiga, så tiger jag."

"Tänk, att jag längtade så förfärligt i början! Jag höll på att få vända om upp till skogen."

"Längtade du? Jag trodde, att du var glad att få vara hos oss."

"Jag kunde rakt inte hjälpa det," sade hon urskuldande. "Jag förstod nog hur bra det var för mig att få vara här. Ni var alla så goda mot mig, och arbetet var inte tyngre, än att jag kunde rå med det, men jag längtade i alla fall. Det var något, som sög och drog och ville föra mig tillbaka till skogen. Jag tyckte, att jag svek och förrådde någon, som hade rätt till mig, när jag ville stanna nere i bygden."

"Det var kanske..." började Gudmund, men höll inne mitt i meningen.

"Nej, det var inte gossen, som jag längtade efter. Jag visste ju, att han hade det bra och att mor var god mot honom. Det var inte något särskilt. Jag kände det, som vore jag en vild fågel, som hade blivit satt i bur, och jag trodde, att jag skulle dö, om jag inte bleve utsläppt."

"Tänk, att du hade det så svårt!" sade Gudmund, och på samma gång smålog han, för nu tyckte han med ens, att han kände igen henne. Nu var det, som om ingenting skulle ligga emellan, utan de hade skilts från varandra på skogstorpet förra kvällen. Helga log igen, men fortsatte att tala om sina plågor.

"I thought that one who belonged to the forest could not help yearning for it."

Helga turned half round and looked at him, who walked on the other side of the road. Gudmund had become almost a stranger to her; but now there was something in his voice, his smile, that was familiar. Yes, he was the same man who had come to her and saved her in her greatest distress. Although he was to marry another, she was certain that he wanted to be a good friend to her, and a faithful helper.

She was very happy to feel that she could confide in him, as in none other, and thought that she must tell him of all that had happened to her since they last talked together.

"I must tell you that it was rather hard for me the first weeks at Närlunda" she began. "But you must n't speak of this to your mother."

"If you want me to be silent, I'll be silent."

"Fancy! I was so homesick in the beginning that I was about to go back to the forest."

"Were you homesick? I thought you were glad to be with us."

"I simply could not help it," she said apologetically. "I understood, of course, how well it was for me to be here; you were all so good to me, and the work was not so hard but that I could manage with it, but I was homesick nevertheless. There was something that took hold of me and wanted to draw me back to the forest. I thought that I was deserting and betraying someone who had a right to me, when I wanted to stay here in the village."

"It was perhaps ..." began Gudmund, but checked himself.

"No, it was not the boy I longed for. I knew that he was well cared for and that mother was kind to him. It was nothing in particular. I felt as if I were a wild bird that had been caged, and I thought I should die if I were not let out."

"To think that you had such a hard time of it!" said Gudmimd smiling, for now, all at once, he recognized her. Now it was as if nothing had come between them, but that they had parted at the forest farm the evening before. Helga smiled again, but continued to speak of her torments.

"Ingen natt sov jag," sade hon, "utan så snart jag hade lagt mig, började tårarna rinna, och när jag steg upp om morgonen, var huvudkudden alldeles våt. Om dagen, när jag gick bland er andra, kunde jag hålla tillbaka gråten, men så snart jag blev ensam, fick jag tårarna i ögonen."

"Du har gråtit mycket, du, i dina dar," sade Gudmund, men såg inte det minsta medlidsam ut, när han fällde yttrandet. Helga tyckte, att han gick i ett tyst skratt hela tiden.

"Du kan nog aldrig begripa hur svårt jag hade det," sade hon och talade allt livligare i sin strävan att få honom att förstå henne. "Det var en längtan över mig, som tog mig bort från mig själv. Inte ett ögonblick kunde jag känna mig lycklig. Ingenting var vackert, ingenting var nöjsamt, ingen människa kunde jag fästa mig vid. Ni var alla lika främmande för mig som första gången jag hade kommit in i stugan."

"Men," undrade Gudmund, "sa du inte nyss, att du ville stanna hos oss?"

"Jo, visst gjorde jag det."

"Då längtar du väl inte mer nu?"

"Nej, det har gått över. Jag har blivit botad. Vänta bara, ska du få höra!"

När hon sade detta, styrde Gudmund tvärsöver vägen och gick sedan bredvid henne. Han småskrattade hela tiden. Han tycktes vara glad åt att höra henne tala, men han fäste nog inte mycken vikt vid vad hon berättade.

Så småningom kom Helga i samma lynne. Hon tyckte, att allting blev lätt och ljust. Kyrkvägen var lång och besvärlig att gå, men i dag blev hon inte trött. Det var något, som bar henne. Hon fortsatte att berätta, därför att hon hade börjat, men det var inte längre så viktigt för henne att få tala. Hon hade haft lika roligt, om hon hade fått gå tyst bredvid honom.

"När jag var som mest olycklig, sade hon, bad jag mor Ingeborg en lördagskväll, att jag skulle få gå hem och stanna hemma över söndagen. Och när jag den kvällen vandrade uppför backarna till Stormyra, trodde jag säkert, att jag aldrig mer skulle komma tillbaka till Närlunda. Men där hemma var far och mor så glada över att jag hade fått tjänst på ett så ansett ställe, att jag inte nändes säga dem, att jag inte stod ut att vara kvar hos er.

"I did n't sleep a single night," said she, "and as soon as I went to bed, the tears started to flow, and when I got up of a morning, the pillow was wet through. In the daytime, when I went about among all of you, I could keep back the tears, but as soon as I was alone my eyes would fill up."

"You have wept much in your time," said Gudmund without looking the least bit sympathetic as he pronounced the words. Helga thought that he was laughing to himself all the while.

"You surely don't comprehend how hard it was for me!" she said, speaking faster and faster in her effort to make him understand her. "A great longing took possession of me and carried me out of myself. Not for a moment could I feel happy! Nothing was beautiful, nothing was a pleasure; not a human being could I become attached to. You all remained just as strange to me as you were the first time I entered the house."

"But didn't you say a moment ago that you wished to remain with us?" said Gudmund wonderingly.

"Of course I did!"

"Then, surely, you are not homesick now?"

"No, it has passed over. I have been cured. Wait, and you shall hear!"

As she said this, Gudmund crossed to the other side of the road and walked beside her, laughing to himself all the while. He seemed glad to hear her speak, but probably he did n't attach much importance to what she was relating.

Gradually Helga took on his mood, and she thought everything was becoming easy and light. The church road was long and difficult to walk, but today she was not tired. There was something that carried her. She continued with her story because she had begun it, but it was no longer of much importance to her to speak. It would have been quite as agreeable to her if she might have walked silently beside him.

"When I was the most unhappy," she said, "I asked mother Ingeborg one Saturday evening to let me go home and remain over Sunday. And that evening, as I tramped over the hills to the marsh, I believed positively that I should never again go back to Närlunda. But at home father and mother were so happy because I had found service with good and respectable people, that I did n't dare tell them I could not endure remaining with you.

Så snart som jag kom upp i skogen, var också all ångesten och plågan rent
försvunna. Jag tyckte, att alltihop bara hade varit en inbillning. Och så var
det så svårt med barnet. Mor hade nu tagit sig an det och gjort det till sitt.
Det hörde inte mig till mer. Och det var ju bra, att det var så, men det var
svårt att vänja sig vid det."

"Du kanske började längta ner till oss?" framkastade Gudmund.

"Å nej. På måndagsmorgonen, då jag vaknade och tänkte på att jag nu
måste gå, kom längtan över mig igen. Jag låg och grät och ängslades, för
det enda rätta och riktiga var ju, att jag skulle stanna i tjänsten, men jag
kände det, som om jag skulle bli sjuk eller mista förståndet, om jag vände
tillbaka. Men då kom jag helt hastigt ihåg, att jag en gång hade hört någon
säga, att om man tog lite aska från spisen i sitt hem och sedan strödde ut
den över spisen på det främmande stället, skulle man bli av med sin
längtan.

"Det var då ett botemedel, som var lätt att använda," sade Gudmund.

"Ja, men det skulle ha det med sig, att sedan kunde man aldrig trivas på
något annat ställe. Flyttade man bort från den gården, dit man hade burit
askan, då fick man längta dit lika mycket, som man förut hade längtat
därifrån."

"Kunde man inte bära aska med sig, vart man flyttade ?"

"Nej, det går inte an att göra det mer än en gång. Sedan är det ingen
återvändo. Så det var ju stor våda att försöka något sådant."

"Jag skulle inte ha vågat mig på något slikt, sade Gudmund, och hon hörde
nog, att han bara gäckades med henne."

"Men jag vågade det i alla fall," sade Helga. "Det var bättre än att behöva
stå som en otacksam inför mor Ingeborg och dig, som hade velat hjälpa
mig. Jag tog en liten smula aska med mig hemifrån, och då jag kom
tillbaka till Närlunda, passade jag på, när ingen var inne, och strödde ut
den över spishällen.

"Och nu tror du, att det är askan, som har hjälpt dig?"

"Vänta, så ska du få höra hur det gick! Jag kom genast in i sysslorna och
tänkte inte på askan på hela dagen. Jag längtade alldeles som förut och var
lika led åt allting, som jag brukade vara. Det var mycket att göra både ute

Then, too, as soon as I came up into the forest all the anguish and pain vanished entirely. I thought the whole thing had been only a fancy. And then it was so difficult about the child. Mother had become attached to the boy and had made him her own. He wasn't mine any more. And it was well thus, but it was hard to get used to."

"Perhaps you began to be homesick for us?" blurted Gudmund.

"Oh, no! On Monday morning, as I awoke and thought of having to return to you, the longing came over me again. I lay crying and fretting because the only right and proper thing for me to do was to go back to Närlunda. But I felt all the same as though I were going to be ill or lose my senses if I went back. Suddenly I remembered having once heard some one say that if one took some ashes from the hearth in one's own home and strewed them on the fire in the strange place, one would be rid of homesickness."

"Then it was a remedy that was easy to take," said Gudmimd.

"Yes, but it was supposed to have this effect also: afterwards one could never be content in any other place. If one were to move from the homestead to which one had borne the ashes, one must long to get back there again just as much as one had longed before to get away from there."

"Couldn't one carry ashes along wherever one moved to?"

"No, it can't be done more than once. Afterwards there is no turning back, so it was a great risk to try anything like that."

"I shouldn't have taken chances on a thing of that kind," said Gudmund, and she could hear that he was laughing at her.

"But I dared, all the same," retorted Helga. "It was better than having to appear as an ingrate in your mother's eyes and in yours, when you had tried to help me. I brought a little ashes from home, and when I got back to Närlunda I watched my opportunity, when no one was in, and scattered the ashes over the hearth."

"And now you believe it is ashes that have helped you?"

"Wait, and you shall hear how it turned out! Immediately I became absorbed in my work and thought no more about the ashes all that day. I grieved exactly as before and was just as weary of everything as I had been. There was much to be done that day, both in the house and out of it,

och inne den dagen, och när jag hade slutat i lagården på kvällen och skulle gå in, var elden redan tänd i spisen."

"Nu är jag riktigt nyfiken att höra hur det gick," sade Gudmund.

"Ja, tänk, att redan när jag gick över gården, så tyckte jag, att det var något välbekant i eldskenet, och när jag öppnade dörren, for det för mig, att jag skulle komma in i vår egen stuga och att far och mor skulle sitta vid spisen. Ja, detta flög bara förbi som en dröm, men när jag kom in, blev jag förvånad över att det var så vackert och hemtrevligt i stugan.

Jag hade aldrig tyckt, att mor Ingeborg och ni andra hade sett så vänliga ut, som ni gjorde den kvällen, där ni satt i eldskenet. Det kändes riktigt gott att komma in, och det hade det aldrig gjort förut. Jag blev så förvånad, att jag höll på att ropa till och slå ihop händerna. Jag tyckte, att ni var som förvandlade. Ni var inte mera främmande för mig, utan jag kunde tala med er om vad som helst. Du kan nog förstå, att jag blev glad, men jag kunde inte låta bli att förvåna mig. Jag undrade om jag hade blivit förtrollad. Och med detsamma kom jag ihåg askan, som jag hade strött över spishällen."

"Ja, det var ju förunderligt," sade Gudmund. Han trodde inte det minsta på skrock och trolldom, men han tyckte inte illa om att höra Helga tala om sådant. "Nu har då den galna skogstösen kommit tillbaka", tänkte han. "Kan någon begripa, att den, som har gått igenom så mycket som hon, ändå kan vara så barnslig?"

"Ja, visst var det förunderligt," sade Helga. "Och detsamma har kommit tillbaka hela vintern. Så snart elden brann på spishällen, kände jag samma trygghet och trevnad hos er, som om jag hade varit hemma. Men det är nog också något besynnerligt med elden. Inte med annan eld kanske, men med den, som brinner i en spis och har allt husfolket samlat omkring sig kväll efter kväll.

Den blir liksom så bekant med en. Den leker och dansar för en och sprakar åt en, och ibland är den sur och vid dåligt humör. Det är, som skulle den ha i sin makt att ge trevnad eller otrevnad. Nu tyckte jag, att elden hemifrån hade flyttat till mig, och att den gav samma sken av trevnad åt allting här, som den hade gjort där hemma."

"Men om du nu skulle bli tvungen att flytta från Närlunda?" sade Gudmund.

and when I finished with the evening's milking and was going in, the fire
on the hearth was already lighted."

"Now I'm very curious to hear what happened," said Gudmund.

"Think! Already, as I was crossing the house yard, I thought there was
something familiar in the gleam from the fire, and when I opened the
door, it flashed across my mind that I was going into our own cabin and
that father and mother would be sitting by the hearth. This flew past like a
dream, but when I came in, I was surprised that it looked so pretty and
homelike in the cottage.

To me your mother and the rest of you had never appeared as pleasant as
you did in the firelight. It seemed really good to come in, and this was not
so before. I was so astonished that I could hardly keep from clapping my
hands and shouting. I thought you were all so changed. You were no
longer strangers to me and I could talk to you about all sorts of things. You
can understand, of course, that I was happy, but I couldn't help being
astonished. I wondered if I had been bewitched, and then I remembered
the ashes I had strewn over the hearth."

"Yes, it was marvellous," said Gudmund. He did not believe the least little
bit in witchcraft and was not at all superstitious, but he didn't dislike
hearing Helga talk of such things. "Now the wild forest girl has returned"
thought he. "Can anybody comprehend how one who has passed through
all that she has can still be so childish?"

"Of course it was wonderful!" said Helga. "And the same thing has been
coming back all winter. As soon as the fire on the hearth was burning, I
felt the same confidence and security as if I had been at home. But there
must be something extraordinary about this fire, not with any other kind
of fire, perhaps — only that which bums on a hearth, with all the house-
hold gathered around it, night after night.

It gets sort of acquainted with one. It plays and dances for one and talks to
one, and sometimes it is ill-humored. It is as if it had the power to create
comfort and discomfort. I thought now that the fire from home had come
to me and that it gave the same glow of pleasure to every one here that it
had done back home."

"What if you had to leave Närlunda?" said Gudmund.

"Då får jag längta dit i alla mina dar," sade hon, och det hördes på rösten, att hon sade detta på djupaste allvar.

"Ja, inte ska det bli jag, som driver bort dig," sade Gudmund, och fastän han skrattade, låg det något varmt i tonen.

Sedan började de inte något nytt samtal, utan vandrade tysta ända fram till gården. Gudmund vände huvudet ibland och såg på henne, som gick bredvid honom. Hon hade hämtat sig efter den svåra tiden, som hon hade haft förra året. Nu var det något friskt och skärt över henne. Dragen var små och fina, håret stod som ett burr kring huvudet, ögonen var inte att bli kloka på. Hon gick fort och lätt. När hon talade, kom orden raskt, men ändå skygga. Hon var alltid rädd att bli utskrattad, men måste ändå säga ut vad hon hade på hjärtat.

Gudmund undrade om han ville, att Hildur skulle vara sådan, men det ville han nog inte. Den här Helga vore ingenting att gifta sig med.

Ett par veckor efter detta fick Helga höra, att hon måste flytta från Närlunda i april, därför att Hildur Eriksdotter inte ville bo under samma tak som hon.

Det var inte så, att husbondfolket sade detta rentut till henne. Men mor Ingeborg började tala om att när den nya svärdottern kom, finge de nog så mycket hjälp av henne, att de inte behövde hålla så många tjänare. En annan gång sade hon, att hon hade hört talas om en bra plats, där Helga kunde få det bättre än hos dem.

Helga behövde inte höra mer för att förstå, att hon måste bort, och hon förklarade genast, att hon skulle flytta, men hon ville inte ha någon annan plats, utan skulle vända om hem.

Det märktes nog, att det inte var av fri vilja, som de sade upp Helga på Närlunda.

När hon skulle flytta, var det så mycken mat framdukad, att det var som ett helt kalas, och mor Ingeborg stoppade till henne sådana massor av kläder och skodon, att hon, som hade kommit dit med bara ett knyte under armen, nu knappast kunde få rum med sina ägodelar i en kista.

"Jag får aldrig så bra tjänare i mitt hus, som du har varit," sade mor Ingeborg. "Och tänk nu inte för illa om mig, därför att jag låter dig flytta! Du förstår nog, att det inte sker med min vilja. Jag ska inte glömma bort

"Then I must long to come back again all my life," said she. And the quiver
in her voice betrayed that this was spoken in profound seriousness.

"Well, I shall not be the one to drive you away!" said Gudmund. Although
he was laughing, there was something warm in his tone.

They started no new subject of conversation, but walked on in silence until
they came to the homestead. Now and then Gudmund turned his head to
look at her who was walking at his side. She had gathered strength after
her hard time of the year before. Her features were delicate and refined;
her hair was like an aureole around her head, and her eyes were not easy
to read. Her step was light and elastic, and when she spoke, the words
came readily, yet modestly. She was afraid of being laughed at, still she
had to speak out what was in her heart.

Gudmund wondered if he wished Hildur to be like this, but he probably
did n't. This Helga would be nothing special to marry.

A fortnight later Helga heard that she must leave Närlunda in April
because Hildur Ericsdotter would not live under the same roof with her.

The master and mistress of the house did not say this in so many words,
but the mistress hinted that when the new daughter-in-law came, they
would in all probability get so much help from her they would not require
so many servants. On another occasion she said she had heard of a good
place where Helga would fare better than with them.

It was not necessary for Helga to hear anything further to understand that
she must leave, and she immediately announced that she would move, but
she did not wish any other situation and would return to her home.

It was apparent that it was not of their own free will they were dismissing
Helga from Närlunda.

When she was leaving, there was a spread for her. It was like a party, and
mother Ingeborg gave her such heaps of dresses and shoes that she, who
had come to them with only a bundle under her arm, could now barely
find room enough in a chest for her possessions.

"I shall never again have such an excellent servant in my house as you
have been," said mother Ingeborg. "And do not think too hard of me for
letting you go! You understand, no doubt, that it is not my will, this. I shall

dig. Så länge som jag har någon makt, ska du inte behöva lida nöd."

Hon gjorde upp med Helga, att hon skulle väva lakan och handdukar åt henne. Hon gav henne arbete för minst ett halvår.

Gudmund stod i vedskjulet och högg ved den dagen, då Helga flyttade. Han kom inte in och sade farväl, fastän hästen stod för dörren. Han tycktes ha så bråttom, att han inte märkte vad som stod på. Hon fick lov att gå ut till honom och ta avsked.

Han lade ner yxan, tog Helga i hand, sade lite brådskande: "Tack för den här tiden!" och började så hugga igen. Helga hade velat säga något om att hon förstod, att det var omöjligt för dem att behålla henne och att allt var hennes eget fel. Det var hon själv, som hade ställt det så för sig. Men Gudmund högg, så att stickorna flög omkring honom, och hon kom sig inte för att säga något.

Men det märkvärdigaste vid hela flyttningen var, att husbonden själv, gamle Erland Erlandsson, körde Helga upp till Stormyra.

Gudmunds far var en liten, torr man med kal hjässa och vackra, kloka ögon. Han var mycket tillbakadragen och så tystlåten, att han stundom inte sade ett ord på hela dagen. Så länge allt gick, som det skulle, lade man inte märke till honom, men när något råkade i olag, kom han alltid och sade och gjorde vad som skulle sägas och göras för att ställa allt till rätta.

Han var skicklig i att föra räkenskaper och åtnjöt mycket förtroende bland socknemännen. Han fick alla möjliga kommunala uppdrag och var mer ansedd än mången, som hade en stor gård och mycken rikedom.

Erland Erlandsson körde hem Helga i det usla föret och tillät inte, att hon gick i någon backe. När de hade kommit fram till Stormyra, satt han länge i stugan och talade med Helgas föräldrar och berättade hur nöjda han och mor Ingeborg hade varit med henne.

Det var bara därför, att de nu inte mer behövde så många tjänare, som de måste sända hem henne. Hon hade fått gå, hon, som var yngst. De hade tyckt, att det var orätt att göra sig av med någon av dem, som var gamla i tjänsten.

Erland Erlandssons tal hade åsyftad verkan, och föräldrarna gav Helga ett gott mottagande. När de hörde, att hon hade fått så stora beställningar, att

not forget you. So long as I have any power, you shall never have to suffer
want."

She arranged with Helga that she was to weave sheets and towels for her.
She gave her employment for at least half a year.

Gudmund was in the woodshed splitting wood the day Helga was leaving.
He did not come in to say good-bye, although his horse was at the door.
He appeared to be so busy that he didn't take note of what was going on.
She had to go out to him to say farewell.

He laid down the axe, took Helga's hand, and said rather hurriedly,
"Thank you for all!" and began chopping again. Helga had wanted to say
something about her understanding that it was impossible for them to
keep her and that it was all her own fault. She had brought this upon
herself. But Gudmund chopped away until the splinters flew around him,
and she couldn't make up her mind to speak.

But the strangest thing about this whole moving affair was that the master
himself, old Erland Erlandsson, drove Helga up to the marsh.

Gudmund's father was a little weazened man, with a bald pate and
beautiful and knowing eyes. He was very timid, and so reticent at times
that he did not speak a word the whole day. So long as everything went
smoothly, one took no notice of him, but when anything went wrong, he
always said and did what there was to be said and done to right matters.

He was a capable accountant and enjoyed the confidence of every man in
the township. He executed all kinds of public commissions and was more
respected than many a man with a large estate and great riches.

Erland Erlandsson drove Helga home in his own wagon, and he would n't
allow her to step down and walk up any of the hills. When they arrived at
the marsh croft, he sat a long while in the cabin and talked with Helga's
parents, telling them of how pleased he and mother Ingeborg had been
with her.

It was only because they did not need so many servants that they were
sending her home. She, who was the youngest, must go. They had felt that
it was wrong to dismiss any of those who were old in their service.

Erland Erlandsson's speech had the desired effect, and the parents gave
Helga a warm welcome. When they heard that she had received such large

hon kunde livnära sig med vävning, var de nöjda, att hon stannade
hemma.

4

Gudmund tyckte, att han hade älskat Hildur Eriksdotter ända till den
dagen, då hon avtvang honom löftet, att Helga skulle flytta från Närlunda.
Åtminstone hade det dittills inte funnits någon, som han hade beundrat
och aktat högre. Ingen ung flicka hade tyckts honom kunna ställas vid
sidan av Hildur. Det hade varit honom behagligt att tänka sig framtiden
tillsammans med henne.

De skulle bli rika och ansedda, och han kände på sig, att det hem, där
Hildur styrde, skulle bli gott att leva i. Han tyckte också om att tänka på
att han skulle få fullt upp med pengar, sedan han hade blivit gift med
henne. Han skulle kunna förbättra jordbruket, bygga om alla förfallna hus
och utvidga gården, så att han bleve en riktig storbonde.

Samma söndag, som han hade haft följe med Helga på kyrkvägen, hade
han farit till Älvåkra på kvällen. Då hade Hildur börjat tala om Helga och
sagt, att hon inte ville komma till Närlunda, förrän den tösen hade flyttat
därifrån. Gudmund hade först sökt att slå bort alltsammans som ett
skämt, men det hade snart visat sig, att Hildur menade allvar.

Gudmund talade Helgas sak mycket väl, sade, att hon hade varit så ung,
när hon först skickades ut att tjäna, att det inte var underligt, att det gick
illa, när hon råkade ut för en så dålig karl som Per Mårtensson. Men sedan
hans mor hade tagit hand om henne, hade hon alltid uppfört sig väl.

"Det kan inte vara rätt att stöta ut henne," sade han. "Då kan det nog
hända, att hon råkar i elände igen."

Men Hildur hade inte velat ge vika. "Om den flickan ska stanna kvar på
Närlunda, så kommer jag aldrig dit," sade hon. "Jag kan inte tåla en sådan
människa i mitt hem."

"Du vet inte vad du gör," sade Gudmund. "Ingen har förstått att sköta mor
så bra som Helga. Vi har alla varit glada åt att hon har kommit till oss.
Förut var mor många gånger gnatig och vid tungt lynne."

"Inte ska jag tvinga dig att sända bort henne," sade Hildur, men det
märktes, att om inte Gudmund gjorde henne till viljes i denna sak, var hon

orders that she could support herself with weaving, they were satisfied, and she remained at home.

4

Gudmund thought that he had loved Hildur until the day when she exacted from him the promise that Helga should be sent away from Närlunda; at least up to that time there was no one whom he had esteemed more highly than Hildur. No other young girl, to his thinking, could come up to her. It had been a pleasure for him to picture a future with Hildur.

They would be rich and looked up to, and he felt instinctively that the home Hildur managed would be good to live in. He liked also to think that he would be well supplied with money after he had married her. He could then improve the land, rebuild all the tumble-down houses, extend the farm, and be a real landed proprietor.

The same Sunday that he had walked home from church with Helga, he had driven over to Alvåkra in the evening. Then Hildur had started talking about Helga and had said that she wouldn't come to Närlunda until that girl was sent away. At first Gudmund had tried to dismiss the whole matter as a jest, but it was soon obvious that Hildur was in earnest.

Gudmund pleaded Helga's cause exceedingly well and remarked that she was very young when first sent out to service and it was not strange that things went badly when she came across such a worthless fellow as Per Mårtensson. But since his mother had taken her in hand, she had always conducted herself well.

"It can't be right to push her out," said he. "Then, perhaps, she might meet with misfortune again."

But Hildur would not yield. "If that girl is to remain at Närlunda, then I will never come there," she declared. " I cannot tolerate a person of that kind in my home."

"You don't know what you are doing," said Gudmund. "No one understands so well as Helga how to care for mother. We have all been glad that she came to us. Before she came, mother was often peevish and depressed."

"I shall not compel you to send her away," said Hildur, but it was clear that if Gudmund were to take her at her word, in this instance, she was

färdig att låta giftermålet gå om intet.

"Nej, det får väl bli, som du vill," sade då Gudmund. Han tyckte inte, att han kunde sätta hela sin framtid på spel för Helgas skull. Men han var mycket blek, när han sålunda gav efter, och han var tyst och nedstämd hela kvällen.

Det var nu detta, som hade kommit Gudmund att frukta, att Hildur måhända inte var alldeles sådan, som han hade inbillat sig. Han tyckte nog inte om, att hon hade gjort sin vilja gällande över hans, men det värsta var, att han inte kunde förstå annat, än att hon hade orätt. Han sade sig, att han gärna skulle ha gett vika för henne, om hon hade visat sig storslagen, men i stället tycktes det honom, att hon bara hade varit småaktig och hjärtlös.

När hans misstänksamhet en gång var väckt, dröjde det inte så länge, förrän han fann både ett och annat, som inte var så, som han önskade. "Nog är hon en sådan, som först och främst tänker på sig själv," mumlade han, var gång han skildes från henne, och han undrade hur länge hennes kärlek till honom skulle bestå, om den bleve ställd på prov.

Han sökte trösta sig med att alla människor tänkte i första rummet på sig själva, men då kom genast Helga honom i tankarna. Han såg henne hur hon stod på tinget och ryckte till sig bibeln och hörde hur hon ropade: "Jag lägger ner rättegången. Jag tycker om honom ännu. Jag vill inte, att han ska svära falskt." Det var sådan han önskade att Hildur skulle vara. Helga hade blivit honom ett mått, varmed han mätte människor.

Dag för dag tyckte han sämre om Hildur, men det föll honom inte in, att han skulle avstå från giftermålet. Han sökte inbilla sig, att hans missmod inte var annat än tomma griller. För bara några veckor sedan höll han henne ju för den bästa, som fanns. Hade det varit i början av frieriet, hade han kanske dragit sig tillbaka. Men nu var lysning redan uttagen, bröllopsdagen bestämd, och hemma hos honom hade de satt i gång med stora reparationer.

Han ville inte heller gå miste om rikedomen och den goda ställning, som väntade honom. Och vad skulle han ge för skäl för att bryta? Det han hade att anmärka mot Hildur var så obetydligt, att det skulle ha förvandlats till luft mellan hans läppar, om han hade försökt att säga ut det.

Men hjärtat var ofta tungt på honom, och var gång han hade ärende till kyrkbyn eller staden, köpte han öl eller vin i handelsbodarna för att dricka sig till gott humör. När han hade tömt ett par flaskor, var han åter stolt

ready to break the engagement.

"It will probably have to be as you wish," said Gudmund. He did not feel that he could jeopardize his whole future for Helga's sake, but he was very pale when he acquiesced, and he was silent and low-spirited the entire evening.

It was this which had caused Gudmund to fear that perhaps Hildur was not altogether what he had fancied her. He did not like, I dare say, that she had pitted her will against his. But the worst of it was that he could not comprehend anything else than that she was in the wrong. He felt that he would willingly have given in to her had she been broad-minded, but instead, it seemed to him, she was only petty and heartless.

Once his doubts were awakened, it was not long before he perceived one thing and another which were not as he wished. "Doubtless she is one of those who think first and foremost of themselves," he muttered every time he parted from her, and he wondered how long her love for him would last if it were put to the test.

He tried to console himself with the idea that all people thought of themselves first, but instantly Helga flashed into his mind. He saw her as she stood in the court room and snatched the Bible, and heard how she cried out: " I withdraw the suit. I am still fond of him and I don't want him to swear falsely." It was thus he would have Hildur. Helga had become for him a standard by which he measured people.

Day by day he thought less of Hildur, but it did not occur to him that he should relinquish his prospective bride. He tried to imagine his discouragement was simply an idle whim. Only a few weeks ago he regarded her as the best in the world! Had this been at the beginning of the courtship, he would have withdrawn, perhaps, but now the banns were already published and the wedding day fixed, and in his home they had begun repairing and rebuilding.

Nor did he wish to forfeit the wealth and the good social position which awaited him. What excuse could he offer for breaking the engagement? That which he had to bring against Hildur was so inconsequential that it would have turned to air on his lips had he attempted to express it.

But the heart of him was often heavy, and every time he had an errand down to the parish or the city he bought beer or wine at the shops to drink himself into a good humor. When he had emptied a couple of bottles, he

över giftermålet och glad åt Hildur. Då förstod han inte vad det var, som pinade honom.

Gudmund tänkte ofta på Helga och längtade att råka henne. Men han trodde, att Helga tyckte, att han var en stackare, därför att han inte hade hållit det där löftet, som han hade gett henne alldeles frivilligt, utan låtit henne flytta. Han kunde varken förklara eller urskulda sig, och därför undvek han att råka henne.

En morgon, då Gudmund kom gående framåt vägen, mötte han Helga, som hade varit neråt bygden för att köpa mjölk. Gudmund vände om och slog följe med henne. Hon tycktes inte bli glad åt sällskapet, utan gick fort, som hade hon velat komma ifrån honom, och sade ingenting. Gudmund teg också, därför att han inte rätt visste hur han skulle börja samtalet.

Det kom ett åkdon körande på vägen långt borta. Gudmund gick i sina tankar och märkte det inte, men Helga hade sett det och vände sig nu plötsligt till honom.

”Det är inte värt, att du går i sällskap med mig, Gudmund, för om jag inte ser miste, är det nämndemans från Älvåkra, som kommer åkande där borta.”

Gudmund såg hastigt upp, kände igen hästen och åkdonet och gjorde en rörelse som för att vända om. Men ögonblicket därefter rätade han upp sig och gick lugnt vid sidan av Helga, ända tills de resande var förbi. Då saktade han stegen. Helga fortfor att gå raskt som förut, och de skildes, utan att han hade sagt ett ord till henne. Men hela den dagen var han mer nöjd med sig själv, än han hade varit på länge.

5

Det var bestämt, att Gudmunds och Hildurs bröllop skulle firas på Älvåkra annandag pingst. Fredagen före pingst for Gudmund in till staden för att göra några uppköp till ett hemkomstkalas, som skulle stå på Närlunda dagen efter bröllopet.

I staden råkade han i sällskap med några andra unga karlar från hans socken. De visste, att detta var Gudmunds sista stadsresa före giftermålet, och tog sig därav anledning att ställa till ett stort dryckesgille. Alla lade an på att Gudmund skulle dricka, och de lyckades till sist få honom alldeles redlös.

was again proud of the marriage and pleased with Hildur. Then he didn't understand what it was that pained him.

Gudmund often thought of Helga and longed to meet her. But he fancied that Helga believed him a wretch because he had not kept the promise which he voluntarily made her, but had allowed her to go away. He could neither explain nor excuse himself, therefore he avoided her.

One morning, when Gudmund was walking up the road, he met Helga, who had been down in the village to buy milk. Gudmund turned about and joined her. She didn't appear to be pleased with his company and walked rapidly, as if she wished to get away from him, and said nothing. Gudmund, too, kept still because he didn't quite know how he should begin the conversation.

A vehicle was seen on the road, far behind. Gudmund was absorbed in thought and did not mark it, but Helga had seen it and turned abruptly to him:

"It is not worth your while to be in my company, Gudmund, for, unless I see wrongly, it is the Juryman from Älvåkra and his daughter who come driving back there."

Gudmund glanced up quickly, recognized the horse, and made a movement as if to turn back; but the next instant he straightened up and walked calmly at Helga's side until the vehicle had passed. Then he slackened his pace. Helga continued to walk rapidly, and they parted company without his having said a word to her. But all that day he was better satisfied with himself than he had been in a long while.

5

It was decided that Gudmund and Hildur's wedding should be celebrated at Älvåkra the day following Palm Sunday. On the Friday before, Gudmund drove to town to make some purchases for the home-coming banquet, which was to be held at Närlunda the day after the wedding.

In the village he happened across a number of young men from his parish. They knew it was his last trip to the city before the marriage and made it the occasion for a carouse. All insisted that Gudmund must drink, and they succeeded finally in getting him thoroughly intoxicated.

Han kom hem på lördagsmorgonen så sent, att hans far och drängen redan hade gått ut på arbete, och sov ända till långt fram på eftermiddagen. När han steg upp och skulle sätta på sig kläderna, såg han, att rocken var söndersliten på ett par ställen.

"Det ser ut, som om jag skulle ha varit i slagsmål i natt," sade han och försökte påminna sig vad han hade haft för sig. Han kom ihåg så mycket, som att han hade lämnat värdshuset vid elvatiden i sällskap med kamraterna, men vart de sedan hade begivit sig, det kunde han inte reda ut. Det var som att försöka stirra in i ett stort mörker.

Han visste inte om de bara hade drivit omkring på gatorna, eller om de hade varit inne hos någon. Han kom inte ihåg om han själv eller någon annan hade selat på hästen och hade inte något minne av hela hemresan.

När han nu kom in i storstugan, var den skurad och städad för helgens skull. Allt arbete var slut för dagen, och husfolket höll på att dricka kaffe. Ingen sade något om Gudmunds färd. Det tycktes vara en överenskommen sak, att han skulle få ha sin frihet att leva, som han ville, dessa sista veckor. Gudmund satte sig vid bordet och fick sitt kaffe som de andra.

Medan han satt och hällde det från koppen på fatet och i koppen igen för att få det att svalna, blev mor Ingeborg färdig med sitt, tog upp tidningen, som nyss hade kommit, och började läsa. Hon läste högt spalt efter spalt, och Gudmund, fadern och de andra satt och hörde på.

Bland annat, som hon läste upp, var en redogörelse för ett slagsmål, som hade ägt rum förra natten på stora torget mellan en hop fulla bönder och några arbetare. Så snart polis kom tillstädes, flydde de stridande, endast en av dem låg livlös kvar på torget. Den fallne hade blivit inburen på polisstationen, och då ingen yttre skada hade kunnat upptäckas på honom, hade man försökt att återkalla honom till liv.

Alla bemödanden hade dock varit förgäves, och till sist hade man funnit, att ett knivblad hade suttit instucket i hans hjässa. Det var ett blad av en ovanligt stor fällkniv, som hade trängt genom huvudskålen in i hjärnan och blivit avbrutet tätt invid huvudet. Mördaren hade flytt med knivskaftet, men som polisen mycket väl kände till dem, som hade varit med om slagsmålet, hade män hopp om att snart finna honom.

Medan mor Ingeborg läste detta, satte Gudmund ner kaffekoppen, stack

He came home on Saturday morning so late that his father and the men servants had already gone out to their work, and he slept on until late in the afternoon. When he arose and was going to dress himself, he noticed that his coat was torn in several places.

"It looks as if I had been in a fight last night," said he, trying to recall what he had been up to. He remembered this much: he had left the public tavern at eleven o'clock in company with his comrades; but where they had gone afterwards, he couldn't remember. It was like trying to peer into a great darkness.

He did not know if they had only driven around on the streets or if they had been in somebody's home. He didn't remember whether he or some-one else had harnessed the horse and had no recollection whatever of the drive home.

When he came into the living-room of the cottage, it was scoured and arranged for the occasion. All work was over for the day, and the household were having coffee. No one spoke of Gudmund's trip. It seemed to be a matter agreed upon that he should have the freedom of living as he chose these last weeks. Gudmund sat down at the table and had his coffee like the others.

As he sat pouring it from the cup into the saucer and back into the cup again to let it cool, mother Ingeborg, who had finished with hers, took up the newspaper, which had just arrived, and began reading. She read aloud column after column, and Gudmund, his father, and the rest sat and listened.

Among other things which she read, there was an account of a fight that had taken place the night before, on the big square, between a gang of drunken farmers and some laborers. As soon as the police turned up, the fighters fled, but one of them lay dead on the square. The man was carried to the police station, and when no outward injury was found on him, they had tried to resuscitate him.

But all attempts had been in vain, and at last they discovered that a knife-blade was imbedded in the skull. It was the blade of an uncommonly large clasp-knife that had pierced the brain and was broken off close to the head. The murderer had fled with the knife-handle, but as the police knew perfectly well who had been in the fight, they had hopes of soon finding him.

While mother Ingeborg was reading this, Gudmund set down the coffee-

handen i fickan, tog fram sin fällkniv och kastade en likgiltig blick på den.
Men med ens ryckte han till, vände kniven på andra sidan och stoppade
därpå ner den i fickan igen så hastigt, som om den hade bränt honom.
Han rörde sedan inte mer vid kaffet men satt länge alldeles stilla med ett
eftertänksamt uttryck. Pannan lade sig i djupa veck. Det var tydligt, att
han med all makt försökte att tänka igenom något.

Slutligen reste han sig, sträckte på sig, gäspade och gick långsamt mot
dörren. "Jag får allt lov att röra på mig. Jag har inte varit ute på hela
dagen," sade han och lämnade rummet.

Ungefär samtidigt reste sig också Erland Erlandsson. Han hade rökt ut sin
pipa och gick in i lillkammaren för att hämta ny tobak. Då han stod där
inne och stoppade pipan, fick han se Gudmund komma gående.
Lillkammaren hade inte sina fönster åt gården som storstugan, utan åt en
liten trädgårdstäppa, där det stod ett par skyhöga äppleträd.

Nedanför täppan låg en sumpmark, där det om vårtiden fanns stora gölar
med vatten, men som nästan torkade ut om sommaren. Åt den sidan
brukade sällan någon gå. Erland Erlandsson undrade vad Gudmund hade
där att beställa och följde honom med ögonen. Han såg då, att sonen stack
handen i fickan, tog upp något föremål och slängde det bort i moraset.
Därpå gick han genom den lilla trädgårdstäppan, sprang över en
gärdsgård och avlägsnade sig bortåt vägen.

Så snart sonen var ur sikte, gick Erland i sin tur ut och begav sig som han
bort till sumpmarken. Här vadade han ut i dyn, lutade sig snart nog ner
och tog upp något, som han hade stött emot med foten. Det var en stor
fällkniv, som hade det största bladet avbrutet. Han vände den på alla håll
och synade den noga, ännu medan han stod kvar i vattnet. Därpå stoppade
han den i sin ficka, men tog upp den och granskade den ett par gånger till,
innan han gick tillbaka in i huset.

Gudmund kom inte hem, förrän alla hade lagt sig. Han gick genast till
sängs utan att röra kvällsvarden, som stod framdukad i storstugan.

Erland Erlandsson och hans hustru låg i lillkammaren. I första dagningen
tyckte sig Erland höra fotsteg utanför fönstret. Han steg upp, sköt undan
gardinen och såg, att Gudmund gick ner till sumpmarken. Han tog av sig
strumpor och skor, gick ut i vattnet och vandrade fram och tillbaka likt en,
som söker något. Han höll på med detta en lång stund, gick så upp på

cup, stuck his hand in his pocket, pulled out a clasp-knife, and glanced at it carelessly. But almost immediately he started, turned the knife over, and poked it into his pocket as quickly as if it had burned him. He did not touch the coffee after that, but sat a long while, perfectly still, with a puzzled expression on his face. His brows were contracted, and it was apparent that he was trying with all his might to think out something.

Finally he stood up, stretched himself, yawned, and walked leisurely toward the door. " I 'll have to bestir myself. I have n't been out of doors all day," he said, leaving the room.

About the same time Erland Erlandsson also arose. He had smoked out his pipe, and now he went into the side room to get some tobacco. As he was standing in there, refilling his pipe, he saw Gudmund walking along. The windows of the side room did not, like those of the main room, face the yard, but looked out upon a little garden plot with a couple of tall apple trees.

Beyond the plot lay a bit of swamp land where in the spring of the year there were big pools of water, but which were almost dried out in the summer. Toward this side it was seldom that any one went. Erland Erlandsson wondered what Gudmund was doing there, and followed him with his eyes. Then he saw that the son stuck his hand into his pocket, drew out some object, and flung it away in the morass. There upon he walked back across the little garden plot, leaped a fence, and went down the road.

As soon as his son was out of sight, Erland, in his turn, betook himself, as he should have done, to the swamp. He waded out into the mire, bent down, and picked up something his foot had touched. It was a large clasp-knife with the biggest blade broken off. He turned it over and over and examined it carefully while he still stood in the water. Then he put it into his pocket, but he took it out again and looked at it before returning to the house.

Gudmund did not come home until the household had retired. He went immediately to bed without touching his supper, which was spread in the main room.

Erland Erlandsson and his wife slept in the side room. At daybreak Erland thought he heard footsteps outside the window. He got up, drew aside the curtain, and saw Gudmund walking down to the swamp. He stripped off stockings and shoes and waded out into the water, tramping back and forth, like one who is searching for something. He kept this up for a long

stranden, som om han hade ämnat gå sin väg, men vände snart tillbaka till
sitt sökande. En hel timme stod fadern och såg på honom. Då begav
Gudmund sig in i huset och gick åter och lade sig.

På pingstdagen skulle Gudmund fara till kyrkan. När han började sela på
hästen, gick fadern över gården. ”Du har glömt att skura seldonen i dag,”
sade han, när han gick förbi, för både seldon och kärra var smutsiga och
oputsade. - ”Jag har haft annat att tänka på,” sade Gudmund håglöst och
for bort utan att göra något vid saken.

Efter gudstjänsten följde Gudmund fästmön till Älvåkra och var sedan
kvar där hela dagen. Det kom en mängd ungdom tillsammans för att fira
Hildurs sista kväll som ungmö, och det dansades till långt in på natten.
Det fanns gott om dryckesvaror, men Gudmund rörde dem inte. På hela
kvällen sade han knappt ett ord till någon, men han dansade vilt och
skrattade ibland högt och gällt, utan att någon visste vad han hade roligt
åt.

Gudmund kom inte hem förrän bortåt tvåtiden, och så snart som han hade
satt in hästen i stallet, gick han bort till den där sumpmarken bakom
huset. Han tog av sig på fötterna, kavlade upp byxorna och vadade ut i
vattnet. Det var ljus sommarnatt, och fadern stod i lillkammaren bakom
gardinen och såg på sonen. Han såg hur han gick lutad över vattnet och
sökte nu som förra natten. Han gick upp på land emellanåt, liksom om
han misströstade att finna något, men om en stund vadade han åter ut i
vattnet.

En gång gick han och hämtade ett ämbar från stallet och började ösa upp
vatten ur de små gölarna, som om han ämnade tömma dem, men fann det
säkert lönlöst och satte bort ämbaret. Han försökte också med en håv. Han
plöjde igenom hela sumpmarken med den, men tycktes inte få upp något
annat än dy. Han kom inte in, förrän det var så långt lidet på morgonen,
att folk började röra på sig inne i huset. Han var då så trött och utvakad,
att han vacklade, när han gick, och kastade sig på sängen utan att ta av sig
kläderna.

När klockan slog åtta, kom fadern och väckte honom. Gudmund låg på
bädden med fullt av dy och lera på kläderna, men fadern frågade inte vad
han hade haft för sig, sade bara, att nu var det tid att stiga upp, och
stängde dörren. Om en stund kom Gudmund ner i storstugan, klädd i de
fina brudgumskläderna. Han var blek, och ögonen brann med orolig glans,
men ingen hade väl någonsin sett honom så vacker. Dragen var som
förklarade av ett inre sken. Man tyckte, att man såg en, som inte mer
bestod av kött och blod, utan bara av vilja och själ.

while, then he walked back to dry land, as if he intended to go away, but soon turned back to resume his search. A whole hour his father stood watching him. Then Gudmund went back to the house again and to bed.

On Palm Sunday Gudmund was to drive to church. As he started to hitch up the horse, his father came out. "You have forgotten to polish the harness today," he said, as he walked by; for both harness and cart were muddy. "I have had other things to think of," said Gudmund listlessly, and drove off without doing anything in the matter.

After the service Gudmund accompanied his betrothed to Älvåkra and remained there all day. A number of young people came to celebrate Hildur's last evening as a maid, and there was dancing till far into the night. Intoxicants were plentiful, but Gudmund did not touch them. The whole evening he had scarcely spoken a word to any one, but he danced wildly and laughed at times, loudly and stridently, without any one's knowing what he was so amused over.

Gudmund did not come home until about two in the morning, and when he had stabled the horse he went down to the swamp back of the house. He took off his shoes and stockings, rolled up his trousers, and waded into the water and mud. It was a light spring night, and his father was standing in the side room behind the curtain, watching his son. He saw how he walked bending over the water and searching as on the previous night. He went up on land between times, but after a moment or two he would wade again through the mud.

Once he went and fetched a bucket from the barn and began dipping water from the pools, as if he intended to drain them, but really found it un-profitable and set the bucket aside. He tried also with a pole-net. He ploughed through the entire swamp-ground with it, but seemed to bring up nothing but mud. He did not go in until the morning was so well on that the people in the house were beginning to bestir themselves. Then he was so tired and spent that he staggered as he walked, and he flung himself upon the bed without undressing.

When the clock struck eight, his father came and waked him. Gudmund lay upon the bed, his clothing covered with mud and clay, but his father did not ask what he had been doing. He simply said, "It is time now to get up," and closed the door. After a while Gudmund came down stairs, dressed in his wedding dothes. He was pale, and his eyes wore a troubled expression, but no one had ever seen him look so handsome. His features were as if illumined by an inner light. One felt that one was looking upon something no longer made up of flesh and blood — only of soul and will.

Det var högtidligt nere i storstugan. Modern hade klätt sig i sin svarta
klänning och hängt en vacker silkesschal över skuldrorna, fastän hon inte
skulle med på bröllopet. Alla tjänarna var också i sina bästa kläder. Nytt
björklöv var insatt i spisen. Det låg duk på bordet, och mycken mat var
framsatt.

När de hade ätit, läste mor Ingeborg en psalm och ett stycke ur bibeln.
Därpå vände hon sig till Gudmund, tackade honom för att han hade varit
en god son, önskade honom lycka i hans framtida liv och gav honom sin
välsignelse. Mor Ingeborg kunde lägga sina ord väl, och Gudmund blev
mycket rörd. Tårarna trängde fram i hans ögon gång på gång, men han
lyckades ändå hålla tillbaka gråten.

Fadern yttrade också ett par ord. ”Det blir tungt för dina föräldrar att
mista dig,” sade han, och Gudmund var omigen nära att brista i gråt. Alla
tjänarna trädde också fram, skakade hand med honom och tackade
honom för den tid, som hade varit. Tårarna hängde Gudmund i ögonen
hela tiden. Han harskade sig och gjorde ett par försök att tala, men fick
knappt ett ord över läpparna.

Fadern skulle följa honom till bröllopsgården och vara med om bröllopet.
Han gick ut och spände hästen för åkdonet och kom sedan in och sade till
när det var tid att ge sig av. När Gudmund satte sig i kärran, märkte han,
att den var rengjord. Allt var så skinande och väl omsett, som han själv
alltid brukade vilja ha det. Med detsamma såg han också hur städat det
var på gården. Uppkörsvägen var nygrusad, högar med gammalt virke och
annat skräp, som hade legat där i hela hans tid, var bortskaffade.

På båda sidor om ingångsdörren stod ett par avhuggna björkar som en
äreport, det hängde en stor krans av häggblommor på väderflöjeln, och ur
alla gluggar stack det fram ljusgrönt björklöv. Återigen var Gudmund nära
att falla i gråt.

Han tog fadern hårt om handen, när denne just skulle sätta hästen i gång.
Det var, som ville han hindra honom från att fara. ”Var det något?” sade
fadern. — ”Å nej,” sade Gudmund, ”det var ingenting. Det är nog bäst, att
vi ger oss av.”

Gudmund måste ta ett avsked till, innan han hade kommit långt från
gården. Det var Helga från Stormyra, som stod och väntade vid ledet, där
skogsstigen från hennes hem mynnade ut på vägen. Fadern körde, och han
stannade, när han fick se Helga. — ”Jag har väntat på er, för jag ville önska
Gudmund lycka i dag,” sade Helga.

It was solemnly ceremonious down in the main room. His mother was in black, and she had thrown a pretty silk shawl across her shoulders, although she was not to be at the wedding. Fresh birch leaves were arranged in the fire-place. The table was spread, and there was a great quantity of food.

When they had breakfasted, mother Ingeborg read a hymn and something from the Bible. Then she turned to Gudmund, thanked him for having been a good son, wished him happiness in his new life, and gave him her blessing. Mother Ingeborg could arrange her words well, and Gudmund was deeply moved. The tears welled to his eyes time and again, but he managed to choke them back.

His father, too, said a few words. "It will be hard for your parents to lose you," he said, and again Gudmund came near breaking down. All the servants came forward and shook hands with him and thanked him for the past. Tears were in his eyes all the while. He pulled himself together and made several attempts to speak, but could scarcely get a word past his lips.

His father was to accompany him to the wedding and be one of the party. He went out and harnessed the horse, after which he came back and announced that it was time to start. When Gudmund was seated in the cart, he noticed that it was cleansed and burnished. Everything was as bright and shiny as he himself always wished it to be. At the same time he saw, also, how neat everything about the place looked. The driveway had been laid with new gravel; piles of old wood and rubbish, which had lain there all his life, were removed.

On each side of the entrance door stood a birch branch, as a gate of honor. A large wreath of blueberry hung on the weather-vane, and from every aperture peeped light green birch-leaves. Again Gudmund was ready to burst into tears.

He grasped his father's hand hard when he was about to start; it was as if he wished to prevent his going. "Is there something ?" said the father. "Oh, no!" said Gudmund. "It is best, I dare say, that we go ahead."

Gudmund had to say one more farewell before he was very far from the homestead. It was Helga from Big Marsh, who stood waiting at the hedge, where the foliage path leading from her home opened into the highway. The father was driving and stopped when he saw Helga. "I have been waiting for you, as I wanted to wish you happiness today," said Helga.

Gudmund sträckte sig fram ur kärran och skakade hand med Helga. Han tyckte sig se, att hon hade magrat, ögonen var rödkantade. Det var nog så, att hon låg och grät var natt och längtade till Närlunda. Men nu sökte hon att se glad ut och log vackert mot honom. Han blev återigen mycket rörd, men kunde inte säga något. Fadern, som ju hade ord om sig att inte tala, förrän det var påkallat av högsta nöd, föll då in: "Den lyckönskan tror jag Gudmund blir mer glad åt än åt någon annan."

"Ja, det är nog säkert, det," sade Gudmund. De skakade hand än en gång, och så körde fadern vidare. Gudmund låg baklänges i kärran och såg efter Helga. När hon skymdes bort av ett par träd, rev han hastigt upp fotsacken och reste sig, som om han hade velat hoppa ur.

"Är det något mer, som du vill säga Helga?" frågade fadern. — "Nej, å nej," svarade Gudmund och satte sig åter till rätta.

Plötsligen lutade Gudmund huvudet mot faderns skuldra och föll i stark gråt. "Vad är det åt dig?" frågade Erland och drog in tömmarna så häftigt, att hästen stannade.

"Jo, alla är så goda mot mig, och jag förtjänar det inte."
"Du har då väl aldrig gjort något ont heller?"

"Jo, far, det har jag."
"Det ska vi väl inte tro."
"Jo, jag har slagit ihjäl en människa."

Fadern drog ett djupt andetag. Det lät nästan som en suck av lättnad, och Gudmund höjde huvudet förvånad och såg på honom. Fadern satte hästen i gång igen, därpå sade han stilla: "Jag är glad, att du talade om det själv."

"Visste ni det redan, far?"
"Jag såg nog i lördags kväll, att det var något galet fatt. Och så hittade jag din kniv nere i moraset."

"Jaså, det var ni, som fann kniven!"

"Jag fann den, och jag såg, att det ena bladet var avbrutet."

"Ja, far, jag vet, att knivbladet är av, men jag kan ändå inte få i mitt huvud, att jag har gjort det."

Gudmund leaned far out over the cart and shook hands with Helga. He
thought that she had grown thin and that her eyelids were red. Very
probably she had lain awake and cried all night and was homesick for
Närlunda. But now she tried to appear happy and smiled sweetly at him.
Again he felt deeply moved but could not speak. His father, who was
reputed never to speak a word until it was called forth by extreme neces-
sity, joined in: "That good wish, I think, Gudmund will be more glad over
than any other."

"Yes, of that you may be sure!" said Gudmund. He shook hands with
Helga once more, and then they drove on. Gudmund leaned back in the
cart and looked after Helga. When she was hidden from view by a couple
of trees, he hastily tore aside the apron of the carriage, as if he wished to
jump out.

"Is there anything more you wish to say to Helga?" asked his father. No,
oh, no!" answered Gudmund and turned round again.

Suddenly Gudmund leaned his head against his father's shoulder and
burst out crying. "What ails you?" asked Erland Erlandsson, drawing in
the reins so suddenly that the horse stopped.

"Oh, they are all so good to me and I don't deserve it."
"But you have never done anything wrong, surely?"

"Yes, father, I have."
"That we can't believe."
"I have killed a human being!"

The father drew a deep breath. It sounded almost like a sigh of relief, and
Gudmund raised his head, astonished, and looked at him. His father set
the horse in motion again; then he said calmly, "I 'm glad you have told of
this yourself."

"Did you know it already, father?"
"I surmised last Saturday evening that there was something wrong. And
then I found your knife down in the morass."

"So it was you who found the knife!"

"I found it and I noticed that one of the blades had been broken off."

"Yes, father, I 'm aware that the knife-blade is gone, but still I cannot get it
into my head that I did it."

”Det var väl i fyllan och villan.”

”Jag vet ingenting, jag kommer inte ihåg någonting. Jag ser på kläderna, att jag har varit i slagsmål, och jag vet, att knivbladet är borta.”

”Jag förstår, att du ämnade tiga med det, sade fadern.”

”Jag tänkte, att de andra kamraterna kanske var lika redlösa som jag och inte kom ihåg något. Det fanns kanske inga andra bevis mot mig än kniven, och därför kastade jag bort den.”

”Jag kunde begripa, att du resonerade på det sättet.”

”Ni förstår, far: jag vet inte vem som är död; jag har aldrig förr sett honom kanske. Jag kommer inte ihåg, att jag har gjort det. Jag tyckte inte, att jag behövde lida för det, som jag inte hade gjort med vilja. Men snart kom jag att tänka på att jag hade varit galen, som hade kastat kniven i sumpmarken. Den torkar ju ut på sommaren, och då kunde vem som helst råka hitta den. Och så försökte jag att finna reda på den både i går natt och i natt.”

”Tänkte du inte på att du skulle bekänna?”

”Nej, i går tänkte jag bara på hur jag skulle kunna hålla det hemligt, och jag försökte att dansa och vara glad, så att ingen skulle märka något på mig.”

”Var det din mening att gå i brudstol i dag utan att bekänna? Det var ett stort ansvar du tog på dig. Förstod du inte, att om du bleve upptäckt, skulle du dra Hildur och hennes släkt med i ditt elände?”

”Jag tyckte, att jag sparade dem bäst genom att ingenting säga.” De for framåt vägen med den starkaste fart. Fadern tycktes nu ha brått att komma fram. Hela tiden språkade han med sonen. Han hade inte sagt så många ord till honom förut i hela hans liv.

”Jag undrar hur du kom på andra tankar,” sade han.

”Det var därför, att Helga kom och önskade mig lycka. Då var det något hårt inom mig, som brast. Jag blev så rörd över henne. Jag blev också rörd över mor och över er i morse, och jag ville tala och säga, att jag inte var värd er kärlek, men det hårda var kvar inom mig då ännu och gjorde motstånd. Men när Helga kom, var det slut med mig. Jag tyckte, att hon

"It was probably done in the drunkenness and delirium."

"I know nothing; I remember nothing. I could see by my clothes that I had been in a fight and I knew that the knife-blade was missing."

"I understand that it was your intention to be silent about this" said the father.

"I thought that perhaps the rest of the party were as irresponsible as myself and I couldn't remember anything. There was perhaps no other evidence against me than the knife, therefore I threw it away."

"I comprehend that you must have reasoned in that way."

"You understand, father, that I do not know who is dead. I had never seen him before, I dare say. I have no recollection of having done it. I didn't think I ought to suffer for what I had not done knowingly. But soon I got to thinking that I must have been mad to throw the knife into the marsh. It dries out in summer, and then any one might find it. I tried last night and the night before to find it."

"Didn't it occur to you that you should confess?"

"No! Yesterday I thought only of how I could keep it a secret, and I tried to dance and be merry so that no one would mark any change in me."

"Was it your intention to go to the bridal altar today without confessing? You were assuming a grave responsibility. Didn't you understand that if you were discovered you would drag Hildur and her kin with you into misery?"

"I thought that I was sparing them most by saying nothing." They drove now as fast as possible. The father seemed to be in haste to arrive, and all the time he talked with his son. He had not said so much to him in all his life before.

" I wonder how you came to think differently? " said he.

"It was because Helga came and wished me luck. Then there was something hard in me that broke. I was touched by something in her. Mother, also, moved me this morning, and I wanted to speak out and tell her that I was not worthy of your love; but then the hardness was still within me and made resistance. But when Helga appeared, it was all over

egentligen borde vara ond på mig, som var skuld till att hon hade måst flytta hemifrån.”

”Nu tänker jag, att du är enig med mig om att vi måste låta nämndemans veta detta genast,” sade fadern.

”Ja,” svarade Gudmund med låg röst. ”Ja visst,” tillade han strax därpå högre och fastare. ”Inte vill jag dra in Hildur i min olycka. Hon skulle aldrig förlåta mig detta.”

”Älvåkrafolket är måna om sin heder, de som andra,” sade fadern. ”Och det må du veta, Gudmund, att när jag åkte hemifrån i morse, då tänkte jag, att jag måste tala om för nämndeman hur du hade det, om du inte beslöt dig för att göra det själv. Aldrig skulle jag ha stått tyst och låtit Hildur viga sig vid en, som när som helst kunde bli anklagad för mord.”

Han smällde med piskan och körde i allt starkare fart. ”Detta blir det svåraste för dig,” sade han. ”Vi ska laga så, att det går fort över. Jag tänker, att nämndemans tycker, att det är rätt gjort av dig, att du anger dig själv, så att de kommer nog att bli vänliga mot dig.”

Gudmund svarade ingenting. Han såg allt värre förpinad ut, ju mer de nalkades Älvåkra. Fadern fortfor att tala för att hålla uppe modet på honom. ”Jag har hört något i den här vägen förr,” sade han. ”Det var en brudgum, som hade råkat skjuta ihjäl en kamrat under en jakt. Det hade inte varit hans mening, och det hade inte blivit upptäckt, att det var han, som hade fällt vådaskottet. Men ett par dagar efteråt skulle han gifta sig, och när han kom till bröllopsgården, gick han till bruden och sade:

"Det kan inte bli något bröllop av. Jag vill inte dra dig in i det elände, som väntar mig." Men hon stod färdigklädd i krona och slöja, och hon tog honom vid handen och ledde honom in i salen, där gästerna var samlade och allt var i ordning för vigseln.

Hon berättade nu för alla med hög röst vad brudgummen nyss hade kommit och sagt henne. "Detta har jag talat om, för att alla ska veta, att du inte har brukat någon falskhet emot mig", sa hon därpå och vände sig till brudgummen. "Men nu vill jag genast viga mig vid dig. För du är den du är, fastän du har råkat i olycka, och vad som än väntar dig, vill jag bära det gemensamt med dig."

Just när fadern slutade berättelsen, var de framme vid den långa gatan, som ledde upp till Älvåkra. Gudmund vände sig mot honom med ett

with me. I felt that she really ought to be angry with me who was to blame
for her having to leave our home."

"Now I think you are agreed with me that we must let the Juryman know
this at once." said the father.

"Yes" answered Gudmund in a low tone. "Why, certainly!" he added
almost immediately after, louder and firmer. "I don't want to drag Hildur
into my misfortune. This she would never forgive me."

"The Älvåkra folk are jealous of their honor, like the rest," remarked the
father. "And you may as well know, Gudmund, that when I left home this
morning I was thinking that I must tell the Juryman your position if you
did not decide to do so yourself. I never could have stood silently by and
let Hildur marry a man who at any moment might be accused of murder."

He cracked the whip and drove on, faster and faster. "This will be the
hardest thing for you," said he, "but we 'll try and have it over with quickly.
I believe that, to the Juryman's mind, it will be right for you to give
yourself up, and they will be kind to you, no doubt."

Gudmund said nothing. His torture increased the nearer they approached
Älvåkra. The father continued talking to keep up his courage. "I have
heard something of this sort before," said he. "There was a bridegroom
once who happened to shoot a comrade to death during a hunt. He did not
do it intentionally, and it was not discovered that he was the one who had
fired the fatal shot. But a day or two later he was to be married, and when
he came to the home of the bride, he went to her and said:

'The marriage cannot take place. I do not care to drag you into the misery
which awaits me.' But she stood, dressed in bridal wreath and crown, and
took him by the hand and led him into the drawing-room, where the
guests were assembled and all was in readiness for the ceremony.

She related in a clear voice what the bridegroom had just said to her. 'I
have told of this, that all may know you have practised no deceit on me.'
Then she turned to the bridegroom. 'Now I want to be married to you at
once. You are what you are, even though you have met with misfortune,
and whatever awaits you, I want to share it equally with you.' "

Just as the father had finished the narrative, they were on the long avenue
leading to Älvåkra. Gudmund turned to him with a melancholy smile.

vemodigt leende. "Så kommer det inte att hända oss," sade han.

"Vem vet?" sade fadern och rätade upp sig i kärran. Han såg på sonen och förvånade sig än en gång över hur vacker han var denna dagen. "Det skulle inte förvåna mig, om det hände honom något stort och oväntat," tänkte han.

Det skulle ha blivit kyrkbröllop, och en mängd folk hade redan samlats till bröllopsgården för att fara med i brudtåget. Flera långväga släktingar till nämndemannens var också komna. De satt på förstubron i sin bästa ståt, färdiga för kyrkresan.

Kärror och trillor stod utdragna på gården, och man hörde hur hästarna stampade i stallet, medan de ryktades. Sockenspelmannen satt ensam på bodtrappan och stämde fiolen. I ett fönster i övervåningen stod bruden färdigklädd och tittade ut för att få syn på brudgummen, innan han hade hunnit att upptäcka henne.

Erland och Gudmund steg ur kärran och bad genast att få tala i enrum med Hildur och hennes föräldrar. Snart stod alla dessa i ett litet rum, där nämndemannen hade sin skrivpulpet. "Jag tänker, att nämndeman har läst i tidningarna om det där slagsmålet inne i staden natten till i lördags, då det var en människa, som blev mördad," sade Gudmund så fort, som om han hade läst upp en läxa.

"Ja, nog har jag läst om det alltid," sade nämndemannen.

"Det var så, att jag var inne i staden den natten," fortfor Gudmund. 80 Nu kom inte något svar. Det blev dödsstilla. Gudmund tyckte, att alla stirrade på honom med en sådan fasa, att han inte förmådde fortsätta. Men fadern kom honom till hjälp.

"Gudmund hade varit bjuden av några vänner. Han hade nog druckit för mycket den där natten, och när han kom hem, visste han inte vad han hade haft för sig. Men nog märktes det, att han hade varit i slagsmål, för kläderna var sönderrivna."

Gudmund såg, att fasan, som de andra kände, tilltog med varje ord, men själv blev han lugnare. Det vaknade en känsla av trots hos honom, och han tog åter till orda:

"När så tidningen kom på lördagskvällen och jag läste om slagsmålet och om knivbladet, som satt instucket i huvudskålen, tog jag upp min kniv och

"It will not end thus for us," he said.

"Who knows?" said the father, straightening in the cart. He looked upon his son and was again astonished at his beauty this day. "It would not surprise me if something great and unexpected were to come to him," thought he.

There was to have been a church ceremony, and already a crowd of people were gathered at the bride's home to join in the wedding procession. A number of the Juryman's relatives from a distance had also arrived. They were sitting on the porch in their best attire, ready for the drive to church.

Carts and carriages were strung out in the yard, and one could hear the horses stamping in the stable as they were being curried. The parish fiddler sat on the steps of the storehouse alone, tuning his fiddle. At a window in the upper story of the cottage stood the bride, dressed and waiting to have a peep at the bridegroom before he had time to discover her.

Erland and Gudmund stepped from the carriage and asked immediately for a private conference with Hildur and her parents. Soon they were all standing in the little room which the Juryman used as his study. "I think you must have read in the papers of that fight in town last Saturday night, where a man was killed," said Gudmund, as rapidly as if he were repeating a lesson.

"Oh, yes, I 've read about it, of course," said the Juryman.

"I happened to be in town that night," continued Gudmund. Now there was no response. It was as still as death. Gudmund thought they all glared at him with such fury that he was unable to continue. But his father came to his aid.

"Gudmund had been invited out by a few friends. He had probably drunk too much that night, and when he came home he did not know what he had been doing. But it was apparent that he had been in a fight, for his clothes were torn."

Gudmund saw that the dread which the others felt increased with every word that was said, but he himself was growing calmer. There awoke in him a sense of defiance, and he took up the words again:

"When the paper came on Saturday evening and I read of the fight and of the knife-blade which was imbedded in the man's skull, I took out my

såg då, att det fattades ett blad."
"Det är svåra nyheter, som Gudmund kommer med," sade
nämndemannen. "Det hade varit rättast att tala om detta för oss i går."

Gudmund teg, men nu kom fadern åter till hjälp. "Det var inte så lätt för
Gudmund. Det var nog en stor frestelse att tiga med alltsammans. Han går
miste om mycket genom den här bekännelsen."

"Ja, vi får väl vara glada, att han har talat nu, så att vi inte har blivit
indragna i eländet," sade nämndemannen bittert. Gudmund höll sina ögon
riktade på Hildur hela tiden. Hon var klädd i krona och slöja, och nu såg
han hur hon lyfte sin hand och drog ut en av de stora nålarna, som fast-
höll kronan. Hon tycktes ha gjort detta omedvetet. När hon märkte, att
Gudmunds blick vilade på henne, stack hon in nålen igen.

"Det är ju ännu inte fullt bevisat, att det är Gudmund, som är dråparen,"
sade fadern, "men jag förstår ju, att ni vill, att bröllopet ska uppskjutas,
tills vi har fått allt utrett."

"Det är nog inte lönt att tala om uppskov," sade nämndemannen. "Jag
tänker, att Gudmund är så pass säker på sin sak, att vi kan komma överens
om att det blir slut mellan honom och Hildur med detsamma."

Gudmund svarade inte genast på detta vädjande. Han gick bort till
fästmön och sträckte fram handen. Hon satt alldeles stilla
och tycktes inte se honom. "Vill du inte säga farväl till mig, Hildur?"

Nu såg hon upp, och hennes stora ögon blixtrade kallt emot honom.
"Var det med den där handen, som du förde kniven?" frågade hon.
Gudmund svarade henne inte ett ord, utan vände sig till nämndemannen.
"Ja, nu är jag säker på min sak," sade han. "Det tjänar inte till något att
göra uppskov med bröllopet."

Härmed var samtalet slut, och Gudmund och Erland gick sin väg. De hade
att gå genom flera rum och förstugor, innan de kom ut, och överallt såg de
förberedelser till bröllopet. Dörren till köket stod öppen, och de såg hur en
mängd människor rörde sig om varandra i ivrig brådska. Det trängde ut os
av stekar och bakverk, hela spisen var full av små och stora grytor,
kopparkastrullerna, som annars klädde väggarna, var nertagna och i bruk.

"Tänk, att det är för mitt bröllop, som de stökar på detta sättet!" mumlade
Gudmund, när han gick förbi. Han fick liksom se en skymt av all den

knife and saw that a blade was missing."

"It is bad news that Gudmund brings with him," said the Juryman. "It would have been better had he told us of this yesterday."

Gudmund was silent; and now his father came to the rescue again. "It was not so easy for Gudmund. It was a great temptation to keep quiet about the whole affair. He is losing much by this confession."

"We may be glad that he has spoken now, and that we have not been tricked and dragged into this wretched affair," said the Juryman bitterly. Gudmund kept his eyes fixed on Hildur all the while. She was adorned with veil and crown, and now he saw how she raised her hand and drew out one of the large pins which held the crown in place. She seemed to do this unconsciously. When she observed that Gudmund's glance rested upon her, she stuck the pin in again.

"It is not yet fully proved that Gudmund is the slayer" said his father, "but I can well understand that you wish the wedding postponed until everything has been cleared up."

"It is not worth while to talk of postponement" said the Juryman. "I think that Gudmund's case is clear enough for us to decide that all is over between him and Hildur now."

Gudmund did not at once reply to this judgement. He walked over to his betrothed and put out his hand. She sat perfectly still and seemed not to see him. "Won't you say farewell to me, Hildur?"

Then she looked up, and her large eyes stared coldly at him. "Was it with that hand you guided the knife?" she asked. Gudmund did not answer her, but turned to the Juryman. "Now I am sure of my case," he said. " It is useless to talk of a wedding."

With this the conference was ended, and Gudmund and Erland went their way. They had to pass through a number of rooms and corridors before they came out, and everywhere they saw preparations for the wedding. The door leading to the kitchen was open, and they saw many bustling about in eager haste. The smell of roasts and of baking penetrated the air; the whole fireplace was covered with large and small pots and pans, and the copper sauce-pans, which usually decorated the walls, were down and in use.

"Fancy, it is for my wedding that they are puttering like this!" thougt Gudmund, as he was passing. He caught a glimpse, so to speak, of all the

gamla bondgårdens rikedom, när han vandrade genom huset. Han såg matsalen, där stora bord stod dukade med en lång rad av bägare och kannor av silver. Han gick förbi klädkammaren, där golvet var täckt av stora kistor och väggarna med en oändlig massa kläder.

När han sedan kom ut på gården, såg han en mängd nya och gamla åkdon, präktiga hästar leddes ut ur stallet, och granna åkkläden lades upp i kärrorna. Han såg ut över ett par gårdar, omgivna av lagård, stall, fårhus, magasin, bodar, lador och ännu många andra byggnader. "Alltihop det här kunde ha blivit mitt", tänkte han, när han satte sig upp i kärran.

Det kom med ens en bitter ånger över honom. Han skulle ha velat kasta sig ur åkdonet och gå in och säga, att det inte var sant, det, som han hade sagt. Han hade bara velat skämta med dem och skrämma dem. Det var orimligt dumt av honom att bekänna. Vad var det för nytta med att han hade bekant? Inte blev det bättre för någon fördenskull. Den döde var ju död. Nej. den här bekännelsen förde inte annat med sig, än att också han blev fördärvad.

De sista veckorna hade han inte varit så ivrig efter detta giftermålet, men nu, när han måste försaka det, kände han först vad det var värt. Det var mycket att förlora Hildur Eriksdotter och allt det, som följde med henne. Vad betydde det, att hon var egenrådig och självgod? Hon var ändå den yppersta av alla där i trakten, och genom henne skulle han ha kommit till stor makt och heder.

Det var inte bara Hildur och hennes ägodelar, som han nu saknade, utan det var också smärre ting. I denna stund skulle han ha farit till kyrkan, och alla, som såg honom, skulle ha avundats honom. Och det var i dag, som han skulle ha setat överst vid bröllopsbordet. Det var i dag, som han skulle ha varit mitt uppe i dans och glädje. Det var hans stora lyckodag, som nu gick ifrån honom.

Erland vände sig mot sonen gång på gång och såg på honom. Han var nu inte så där vacker och förklarad, som han hade varit på morgonen, utan han satt slö och tung med slocknad blick.

Fadern undrade om sonen ångrade, att han hade bekant, och ämnade fråga honom om detta, men höll det för bäst att tiga. "Vart ska vi nu fara?" sade Gudmund om en stund. "Är det inte så gott att resa till länsman med detsamma?"

wealth of this old peasant estate as he wandered through the house. He saw the dining-hall, where the long tables were set with a long row of silver goblets and decanters. He passed by the clothes-press, where the floor was covered with great chests and where the walls were hung with an endless array of wearing apparel.

When he came out in the yard, he saw many vehicles, old and new, and fine horses being led out from the stable, and gorgeous carriage robes placed in the carriages. He looked out across a couple of farms with cow-sheds, bams, sheep-folds, storehouses, sheds, larders, and many other buildings. "All this might have been mine," he thought, as he seated himself in the cart.

Suddenly he was seized with a sense of bitter regret. He would have liked to throw himself out of the cart and go in and say that what he had told them was not true. He had only wished to joke with them and frighten them. It was awfully stupid of him to confess. Of what use had it been to him to confess? The dead was dead. No, this confession carried nothing with it save his ruin.

These last weeks he had not been very enthusiastic over this marriage. But now, when he must renounce it, he realized what it was worth to him. It meant much to lose Hildur Ericsdotter and all that went with her. What did it matter that she was domineering and opinionated? She was still the peer of all in these regions, and through her he would have come by great power and honor.

It was not only Hildur and her possessions he was missing, but minor things as well. At this moment he should have been driving to the church, and all who looked upon him would have envied him. And it was today that he should have sat at the head of the wedding table and been in the thick of the dancing and the gayety. It was his great luck-day that was going from him.

Erland turned time and again to his son and looked at him. Now he was not so handsome or transfigured as he had been in the morning, but sat there listless and heavy and dull-eyed.

The father wondered if the son regretted having confessed and meant to question him about it, but thought it best to be silent. "Where are we driving to now?" asked Gudmund presently. "Would n't it be as well to go at once to the sheriff? "

"Du ska väl hem först, så att du får vila och sova ut," sade fadern. "Du har nog inte fått mycken sömn de sista nätterna."

"Mor blir väl förskräckt, när hon får se oss."
"Hon blir nog inte så förvånad," sade fadern. "Hon vet lika mycket som jag. Hon blir allt glad, att du har bekänt."

"Jag tror, att mor och ni alla där hemma är glada att få mig i fängelse," sade Gudmund bittert.

"Vi vet, att det är mycket, som du går miste om, därför att du har handlat rätt," sade fadern. "Vi kan inte låta bli att glädja oss åt att du har övervunnit dig själv."

Gudmund tyckte sig inte kunna stå ut att fara hem och höra på alla dessa, som skulle berömma honom, därför att han hade förstört sin framtid. Han sökte någon förevändning för att slippa råka någon, innan han hade kämpat sig till mera lugn. Så for de förbi stället, där stigen tog av till Stormyra. "Vill ni hålla här, far? Jag tror, att jag ska gå upp till Helga och tala med henne."

Fadern höll beredvilligt in hästen. "Kom bara hem, så fort du kan, så att du får vila ut!" sade han.

Gudmund gick inåt skogen och var snart utom synhåll. Han tänkte inte på att söka upp Helga, var bara glad att bli ensam, så att han inte behövde lägga band på sig. Han kände en orimlig vrede mot allting, sparkade till stenar, som låg i vägen för honom, och stannade ibland för att bryta av en stor gren, bara därför att ett blad hade slagit emot hans ansikte. Han följde vägen fram till Stormyra, men gick förbi torpet och begav sig uppåt berget, som låg därovanför.

Han hade villats bort från stigen, och för att nå högsta toppen måste han gå över en bred ström av kantiga klippblock. Det var en farlig vandring på vassa klippkanter, och han kunde ha brutit armar och ben av sig, om han hade stigit miste. Han förstod detta mycket väl, men gick på, som om det roade honom att utsätta sig för fara.

"Om jag faller och förstör mig, så kan ingen få reda på mig här uppe", tänkte han. "Men vad gör det? Jag kan lika gärna ligga och dö här som att sitta i åratal inom fängelsemurar." Allt gick dock väl, och ett par minuter därefter var han uppe på Storhöjden.

Det hade en gång gått skogsbrand över berget. Den översta toppen stod

"You had better go home first and have a good sleep," said the father. "You have not had much sleep these last nights, I dare say."

"Mother will be frightened when she sees us."
"She won't be surprised," answered the father, "for she knows quite as much as I do. She will be glad, of course, that you have confessed."

"I believe mother and the rest of you at home are glad to get me into prison," snarled Gudmund.

"We know that you are losing a good deal in acting rightly," said the father. "We can't help but be glad because you have conquered yourself."

Gudmund felt that he could not endure going home and having to listen to all who would commend him because he had spoiled his future. He sought some excuse that he might escape meeting any one until he had recovered his poise. Then they drove by the place where the path led to Big Marsh. "Will you stop here, father? I think I 'll run up to see Helga and have a talk with her."

Willingly the father reined in the horse. "Only come home as quickly as you can, that you may rest yourself," said he.

Gudmund went into the woods and was soon out of sight. He did not think of seeking Helga; he was only thinking of being alone, so that he wouldn't have to control himself. He felt an unreasonable anger toward everything, kicked at stones that lay in his path, and paused sometimes to break off a big branch only because a leaf had brushed his cheek. He followed the path to Big Marsh, but walked past the croft and up the hill which lay above it.

He had wandered off the path, and in order to reach the hill-top he must cross a broad ridge of sharp, jagged rocks. It was a hazardous tramp over the sharp rock edges. He might have broken both arms and legs had he made a mis-step. He understood this perfectly, but went on as if it amused him to run into danger.

"If I were to fall and hurt myself, no one can find me up here," thought he. "What of it? I may as well die here as to sit for years within prison walls." All went well, however, and a few moments later he was up on High Peak.

Once a forest fire had swept the mountain. The highest point was still

ännu kal, och därifrån hade man en milsvid utsikt. Han såg dalar och sjöar, mörka skogstrakter och rika bygder, kyrkor och herrgårdar, små skogstorp och stora byar. Långt bort i fjärran låg staden, höljd i en vit slöja av solrök, varur ett par glimmande torn stack fram. Vägar slingrade genom dalarna, och ett järnvägståg skyndade förbi i skogsbrynet. Det var ett helt rike han såg.

Han kastade sig ner på marken, men höll alltjämt blicken riktad mot den stora utsikten. Det var något stolt och storslaget i landskapet framför honom, som kom honom att känna sig själv och sina sorger små och obetydliga.

Han påminde sig, att när han var barn och hade läst, att frestaren förde Jesus upp på ett högt berg och visade honom all världens härlighet, hade han alltid trott, att de hade stått här uppe på Storhöjden, och han upprepade de gamla orden: ”Allt detta vill jag giva dig, om du faller ner och tillbeder mig.”

Då tyckte han plötsligen, att en likadan frestelse hade mött honom själv dessa sista dagar. Sannerligen hade inte frestaren fört honom upp på ett högt berg och visat honom all maktens och rikedomens härlighet. ”Förtig bara det onda, som du tror att du har gjort”, sade han, ”och jag ska giva dig allt detta.”

Och när Gudmund tänkte härpå, kom en liten smula tillfredsställelse till honom. ”Jag har ju svarat nej,” sade han, och med ens förstod han vad det hade gällt för honom. Om han hade tegat, hade han inte då måst tillbedja frestaren alla dagar? En skygg, modlös man hade han blivit, bara en slav under sina ägodelar. Fruktan för upptäckt skulle alltid ha legat över honom. Aldrig mer skulle han ha känt sig som en fri människa.

Det kom ett stort lugn över Gudmund. Han blev lycklig över att han förstod, att han hade handlat rätt. När han tänkte tillbaka på de gångna dagarna, tyckte han, att han hade famlat sig fram i ett stort mörker. Det var underbart, att han hade kommit rätt till sist. Han frågade sig själv hur det hade gått till, att han inte hade råkat vilse.

”Det var därför, att de var så goda mot mig där hemma”, tänkte han, ”och den bästa hjälpen var den, att Helga kom och önskade mig lycka.” Han låg kvar uppe på berget än en stund, men snart tyckte han, att han måste gå hem till far och mor och säga dem, att han hade fått frid med sig själv. När han nu reste sig för att gå, fick han se, att Helga satt på en avsats ett stycke neråt berget.

bare, and from there one had a seven-mile outlook. He saw valleys and lakes, dark forest tracts and flourishing towns, churches and manors, little woodland crofts and large villages. Far in the distance lay the city, enveloped in a white haze from which a pair of gleaming spires peeped out. Public roads wound through the valleys, and a railway train was rushing along the border of the forest. It was a whole kingdom that he saw.

He flung himself upon the ground, all the while keeping his eyes riveted upon the vast outlook. There was something grand and majestic about the landscape before him, which made him feel himself and his sorrows small and insignificant.

He remembered how, when a child, he had read that the tempter led Jesus up to a high mountain and showed him all the world's glories, and he always fancied that they had stood up here on Great Peak, and he repeated the old words: "All these things will I give thee if thou wilt fall down and worship me."

All of a sudden he was thinking that a similar temptation had come to him these last days. Certainly the tempter had not borne him to a high mountain and shown him all the glories and powers of this world! "Only be silent about the evil which you think you have done" said he, "and I will give you all these things."

As Gudmund thought on this, a grain of satisfaction came to him. "I have answered no," he said, and suddenly he understood what it had meant for him. If he had kept silent, would he not have been compelled to worship the tempter all his life? He would have been a timid and faint-hearted man; simply a slave to his possessions. The fear of discovery would always have weighed upon him. Nevermore would he have felt himself a free man.

A great peace came over Gudmund. He was happy in the consciousness that he had done right. When he thought back to the past days, he felt that he had groped his way out of a great darkness. It was wonderful that he had come out right finally. He asked himself how he had ever happened to go astray.

"It was because they were so kind to me at home," he thought, "and the best help was that Helga came and wished me happiness." He lay up there on the mountain a little longer, but presently he felt that he must go home to his father and mother and tell them that he was at peace with himself. When he rose to go, he saw Helga sitting on a ledge a little farther down the mountain.

Hon hade inte den stora, vida utsikten, där hon satt, bara en liten flik av dalen var synlig för henne. Det var åt det hållet Närlunda låg, och hon såg troligen en del av gården. När Gudmund upptäckte henne, kände han, att hjärtat, som hela dagen förut hade arbetat tungt och ängsligt, började klappa glatt och muntert, och på samma gång for en sådan ilning av lycka igenom honom, att han blev stående och undrade över sig själv.

"Vad är det åt mig? Vad är det? Vad är det?" tänkte han, medan blodet forsade genom kroppen, och lyckan grep honom med en sådan makt, att det nästan kändes smärtsamt. Slutligen sade han med förvånad röst till sig själv: "Men det är ju henne jag tycker om! Tänk, att det visste jag inte förrän nu!"

Det tog honom med en styrka som en lössläppt fors. Hanhade varit bunden hela tiden, som han hade känt henne. Allt det, som hade dragit honom till henne, hade han hållit tillbaka. Nu först var han fri från tanken, att han skulle gifta sig med en annan, fri att hålla av henne.
"Helga!"ropade han och började med detsamma klättra nerför branten till henne. Hon vände sig om med ett förskräckt utrop.

"Var inte rädd! Det är bara jag."
"Men är du inte i kyrkan och viger dig?" — "Å nej, det blir inte något bröllop av i dag. Hon vill inte ha mig, hon, Hildur."

Helga reste sig upp. Hon lade handen på hjärtat och slöt ögonen. Hon tänkte nog i det ögonblicket, att det inte var Gudmund, som kom. Det var väl så, att hon hade fått sina ögon och öron förvända här i skogen. Men det var ljuvt och kärt, att han kom, om än bara som en syn, och hon slöt ögonen och blev stående orörlig för att få behålla den här villan ett par ögonblick till.

Gudmund var vild och yr av den stora kärlek, som hade blossat upp inom honom. Så snart han kom ner till Helga, slog han armarna om henne och kysste henne, och det lät hon ske, för hon var bedövad och borttagen av överraskning. Det var ju alldeles för underbart att tro, att han, som just nu borde stå i kyrkan vid sidan av sin brud, verkligen skulle ha kommit dit i skogen. Det där varslet eller dubbelgångaren av honom, som hade kommit till henne, kunde väl gärna få kyssa henne.

Men med detsamma som Gudmund kysste Helga, vaknade hon upp och stötte honom ifrån sig. Och så började hon överösa honom med frågor. Var det verkligen han själv? Vad hade han i skogen att göra? Hade det hänt någon olycka? Varför hade bröllopet blivit uppskjutet? Var Hildur sjuk? Hade prästen fått slag i kyrkan?

Where she sat, she had not the big, broad outlook which he enjoyed; only a little glint of the valley was visible to her. This was in the direction where Närlunda lay, and possibly she could see a portion of the farm. When Gudmund discovered her, he felt that his heart, which all the day before had labored heavily and anxiously, began to beat lightly and merrily; at the same time such a thrill of joy ran through him that he stood still and marvelled at himself.

"What has come over me? What is this?" he wondered, as the blood surged through his body and happiness gripped him with a force that was almost painful. At last he said to himself in a surprised tone: "Why, it is she that I 'm fond of ! Think, that I did not know it until now!"

It took hold of him with the strength of a loosened torrent. He had been bound the whole time he knew her. All that had drawn him to her he had held back. Now, at last, he was freed from the thought of marrying some one else — free to love her. "Helga!" he cried, rushing down the steep to her. She turned round with a terrified shriek.

"Don't be frightened! It is only I."
"But are you not at church being married?" — "No, indeed! There will be no wedding today. She does n't want me — she — Hildur."

Helga rose. She placed her hand on her heart and closed her eyes. At that moment she must have thought it was not Gudmund who had come. It must be that her eyes and ears were bewitched in the forest. Yet it was sweet and dear of him to come, if only in a vision! She closed her eyes and stood motionless to keep this vision a few seconds longer.

Gudmund was wild and dizzy from the great love that had flamed up in him. As soon as he came down to Helga, he threw his arms around her and kissed her, and she let it happen, for she was absolutely stupefied with surprise. It was too wonderful to believe that he, who should now be standing in church beside his bride, actually could have come here to the forest. This phantom or ghost of him that had come to her may as well kiss her.

But while Gudmund was kissing Helga, she awoke and pushed him from her. She began to shower him with questions. Was it really he? What was he doing in the forest? Had any misfortune happened to him? Why was the wedding postponed? Was Hildur ill? Did the clergyman have a stroke in church?

Gudmund hade inte velat tala med henne om något annat i världen än sin kärlek, men hon tvang honom att berätta hur allt hade gått till.

Medan han talade, satt hon stilla och hörde på med djup uppmärksamhet. Hon hejdade honom inte, förrän han talade om det avbrutna knivbladet. Då for hon upp och frågade om det var hans vanliga kniv, den, som han hade, när hon var i tjänst hos dem.

"Ja, just den var det," sade han. "Hur många blad var det, som var avbrutna?" frågade hon. - "Det var inte mer än ett."

Det började arbeta i Helgas huvud. Hon satt med rynkad panna och sökte påminna sig något. Hur var det? Jo visst, hon mindes tydligt, att den där kniven hade hon lånat av honom för att spänta stickor med, dagen innan hon skulle flytta. Då hade hon brutit av den, men hon hade aldrig kommit att tala om det för honom. Han hade undvikit henne och inte velat komma i samtal med henne den där tiden. Och han hade väl haft kniven liggande i fickan alltsedan och inte märkt, att den var sönder.

Hon lyfte huvudet och skulle just tala om detta för honom, men han höll på att berätta om sitt besök i bröllopsgården denna morgon, och hon ville låta honom komma till slut. När hon hörde hur han hade skilts från Hildur, tyckte hon, att detta var en så förfärlig olycka, att hon for ut i förebråelser mot honom. "Detta är ditt eget fel," sade hon. "Där kom du och din far och skrämde livet ur henne med den förfärliga nyheten. Så hade hon inte svarat, om hon hade varit sig själv mäktig. Det vill jag säga dig, att jag tror, att hon ångrar sig redan i denna stund."

"Hon må ångra sig så mycket hon vill för mig," sade Gudmund. "Jag vet nu, att hon är en sådan, som bara tänker på sig själv. Jag är glad, att jag har blivit fri från henne."

Helga knep ihop läpparna, liksom för att den stora hemligheten inte skulle undslippa henne. Här var mycket för henne att tänka på. Det var inte bara fråga om att rentvå Gudmund för mordet. Det hade ju också uppstått ovänskap mellan Gudmund och fästmön. Månne hon inte kunde försöka att få denna bilagd med hjälp av det hon visste? Återigen satt hon tyst och funderade, till dess Gudmund började berätta, att han nu hade vänt sin håg till henne.

Men detta tycktes henne vara den största av de olyckor, som han hade råkat ut för denna dagen. Illa var det, att han höll på att gå miste om det förmånliga giftermålet, men ändå värre, om han skulle gilja till en sådan som hon.

Gudmund had not wished to talk to her of anything in the world save his love, but she forced him to tell her what had occurred.

While he was speaking she sat still and listened with rapt attention. She did not interrupt him until he mentioned the broken blade. Then she leaped up suddenly and asked if it was his clasp-knife, the one he had when she served with them.

"Yes, it was just that one," said he. "How many blades were broken off?" she asked. "Only one," he answered.

Then Helga's head began working. She sat with knit brows trying to recall something. Wait! Why, certainly she remembered distinctly that she had borrowed the knife from him to shave wood with the day before she left. She had broken it then, but she had never told him of it. He had avoided her, and at that time he had not wished to hold any converse with her. And of course the knife had been in his pocket ever since and he hadn't noticed that it was broken.

She raised her head and was about to tell him of this, but he went on talking of his visit that morning to the house where the wedding was to have been celebrated, and she wanted to let him finish. When she heard how he had parted from Hildur, she thought it such a terrible misfortune that she began upbraiding him. "This is your own fault," said she. "You and your father came and frightened the life out of her with the shocking news. She would not have answered thus had she been mistress of herself. I want to say to you that I believe she regrets it at this very moment."

Let her regret it as much as she likes, for all of me!" said Gudmund. "I know now that she is the sort who thinks only of herself. I am glad I'm rid of her!"

Helga pressed her lips, as if to keep the great secret from escaping. There was much for her to think about. It was more than a question of clearing Gudmund of the murder; the wretched affair had also dragged with it enmity between Gudmund and his sweetheart. Perhaps she might try to adjust this matter with the help of what she knew. Again she sat silent and pondered until Gudmund began telling that he had transferred his affections to her.

But to her this seemed to be the greatest misfortune he had met with that day. It was bad that he was about to miss the advantageous marriage, but still worse were he to woo a girl like herself.

"Nej, sådant ska du inte komma och säga till mig," sade hon och reste sig tvärt.

"Varför ska jag inte säga det till dig?" sade Gudmund och blev blek. "Är det kanske på samma sätt med dig som med Hildur, att du är rädd för mig?"

"Nej, inte är det fördenskull." Hon ville förklara för honom, att det var sin egen ofärd han ville, men han lyssnade inte på henne.

"Jag har hört, att det fanns kvinnfolk förr i världen, som stod vid männens sida, när de kom i nöd, men sådana råkar man nog aldrig nuförtiden."

Det gick en ryckning genom Helga. Hon skulle ha velat kasta armarna om hans hals, men hon höll sig stilla. I dag var det hon, som fick vara förnuftig.

"Det är nog sant, att jag inte borde ha bett dig bli min hustru samma dag, som jag ska gå i fängelse, men ser du, om jag bara visste, att du ville vänta på mig, tills jag bleve fri igen, så skulle jag gå igenom allt det svåra med lätt mod."

"Det är inte jag, som ska vänta på dig, Gudmund."

"Alla människor kommer nu att betrakta mig som en missdådare, som en, som super och mördar. Men om det bara funnes någon, som kunde se med kärlek på mig! Det skulle hålla mig uppe mer än allt annat."

"Det vet du väl, att jag aldrig ska tänka annat än gott om dig, Gudmund."

Helga var så stilla. Gudmunds böner höll på att bli för mycket för henne. Hon visste rakt inte hur hon skulle undkomma honom. Men Gudmund förstod ingenting, utan började tro, att han hade tagit miste. Hon måtte inte känna detsamma för honom som han för henne. Han kom alldeles inpå henne och såg på henne, som ville han se tvärsigenom henne. — "Sitter du inte just på den här klippkanten för att kunna se ner till Närlunda?"

"Jo, det gör jag." — "Längtar du inte dit natt och dag?"
"Jo, men jag längtar inte efter någon människa."

"Och mig bryr du dig inte om?"
"Jo, men jag vill inte gifta mig med dig."

"No, such things you must not say to me," she said, rising abruptly.

"Why shouldn't I say this to you?" asked Gudmund, turning pale. "Perhaps it is with you as with Hildur — you are afraid of me?"

"No, that 's not the reason." She wanted to explain how he was seeking his own ruin, but he was not listening to her.

"I have heard said that there were women-folk in olden times who stood side by side with men when they were in trouble; but that kind one does not encounter nowadays."

A tremor passed through Helga. She could have thrown her arms around his neck, but remained perfectly still. Today it was she who must be sensible.

"True, I should not have asked you to become my wife on the day that I must go to prison. You see, if I only knew that you would wait for me until I 'm free again, I should go through all the hardship with courage."

"It's not me, who shall wait for you, Gudmund."

"Every one will now regard me as a criminal, as one who drinks and murders. If only there were some one who could think of me with affection! — this would sustain me more than anything else."

"You know, surely, that I shall never think anything but good of you, Gudmund."

Helga was so still! Gudmund's entreaties were becoming almost too much for her. She did n't know how she should escape him. He apprehended nothing of this, but began thinking he had been mistaken. She could not feel toward him as he did toward her. He came very close and looked at her, as if he wanted to look through her. "Are you not sitting on this particular ledge of the mountain that you may look down to Närlunda?"

"Yes." — "Don't you long night and day to be there?"
"Yes, but I 'm not longing for any person."

"And you don't care for me?"
"Yes, but I don't want to marry you."

”Vem är det du tycker om då?” — Helga teg.

“Är det Per Mårtensson?” — ”Ja, honom har jag ju sagt att jag tyckte om,” sade hon och var alldeles utpinad.

Gudmund stod en stund och såg på henne med förgrymmat ansikte. — ”Ja, farväl då! Nu får vi gå skilda vägar, du och jag,” sade han. Och med detsamma tog han ett långt språng från klipphyllan ner till nästa avsats i berget och försvann därpå bland träden.

6

Inte förr var Gudmund ur sikte, än Helga på en annan väg skyndade ner från berget. Hon sprang förbi Stormyra utan att stanna och ilade så fort hon förmådde utför skogsbackarna ner till vägen. I första gård, som hon kom till, bad hon att få låna häst och kärra för att fara till Älvåkra. Hon sade, att det gällde livet, att hon kom dit, och hon lovade att betala hjälpen. Kyrkfolk hade redan hunnit komma hem och berätta om det inställda bröllopet. Alla var mycket upprörda och medlidsamma, och man ville inte neka att hjälpa Helga, eftersom hon tycktes ha ett viktigt ärende till bröllopsgården.

På Älvåkra satt Hildur Eriksdotter i det lilla rum i övervåningen, där hon hade klätt sig till brud. Hon hade modern och flera andra bondkvinnor omkring sig. Hildur grät inte, men hon var osedvanligt tyst och så blek, att det såg ut, som om hon när som helst skulle bli sjuk. Kvinnorna talade hela tiden om Gudmund. Alla klandrade honom och tycktes anse det för en lycka för Hildur, att hon hade blivit fri från honom.

Somliga tyckte, att Gudmund hade visat liten hänsyn till svärföräldrarna, som inte redan på pingstdagen talade om hur han hade det ställt för sig. Andra sade, att den, som hade haft en så stor lycka att vänta, borde ha förstått att ta bättre vara på sig själv. Och några lyckönskade Hildur till att hon hade sluppit att bli gift med en, som kunde dricka sig så redlös, att han inte visste vad han gjorde.

Mittunder detta tycktes Hildur bli otålig och reste sig upp för att gå ut. Så snart hon var utom dörren, kom hennes bästa vän, en ung bondflicka, och viskade till henne: ”Det är någon där nere, som vill tala med dig.”

”Är det Gudmund?” frågade Hildur och fick en stråle av liv i ögonen.

"Whom do you care for, then?" — Helga was silent.

"Is it Per Mårtensson?" — "I have already told you that I liked him," she said, exhausted by the strain of it all.

Gudmund stood for a moment, with tense features, and looked at her. "Farewell, then! Now we must go our separate ways, you and I," said he. With that he made a long jump from this ledge of the mountain down to the next landing and disappeared among the trees.

6

Gudmund was hardly out of sight when Helga rushed down the mountain in another direction. She ran past the marsh without stopping and hurried over the wooded hills as fast as she could and down the road. She stopped at the first farmhouse she came to and asked for the loan of a horse and car to drive to Älvåkra. She said that it was a matter of life and death and promised to pay for the help. The church folk had already returned to their homes and were talking of the adjourned wedding. They were all very much excited and very solicitous and were eager to help Helga, since she appeared to have an important errand to the home of the bride.

At Älvåkra Hildur Ericsdotter sat in a little room on the upper floor where she had dressed as a bride. Her mother and several other peasant women were with her. Hildur did not weep; she was unusually quiet, and so pale that she looked as though she might be ill at any moment. The women talked all the while of Gudmund. All blamed him and seemed to regard it as a fortunate thing that she was rid of him.

Some thought that Gudmund had shown very little consideration for his parents-in-law in not letting them know on Palm Sunday how matters stood with him. Others, again, said that one who had had such happiness awaiting him should have known how to take better care of himself. A few congratulated Hildur because she had escaped marrying a man who could drink himself so full that he did not know what he was doing.

Amid this, Hildur was losing her patience and rose to go out. As soon as she was outside the door, her best friend, a young peasant girl, came and whispered something to her. "There is someone below who wants to speak with you."

"Is it Gudmund?" asked Hildur, and a spark of life came into her eyes.

”Nej, men j ag tror, att det kan vara ett bud från honom. Hon vill inte framföra ärendet till någon annan än dig själv.”

Nu hade Hildur hela dagen suttit och tänkt, att något måste komma, som skulle göra slut på detta elände. Hon kunde inte förstå, att en så förskräcklig olycka skulle hända henne. Hon tyckte, att det borde inträffa något, så att hon åter finge sätta på sig krona och krans, så att brudtåget finge fara till kyrkan och hela bröllopet komma i gång igen. När hon nu hörde om ett bud från Gudmund, blev hon ivrig och sprang genast ut till Helga, som stod och väntade på henne i köksförstun.

Hildur undrade nog på att Gudmund skickade Helga till henne, men hon tänkte, att han kanske inte hade kunnat få något annat bud nu på helgdagen, och hälsade vänligt på henne.

Hon vinkade åt Helga att följa henne bort till mjölkkammaren, som låg tvärsöver gården.

”Jag vet inte något annat ställe, där vi kan få vara ensamma,” sade hon. ”Vi har ännu hela huset fullt av folk.”

Så snart de var där inne, gick Helga tätt intill Hildur och såg henne i ögonen. ”Innan jag säger något, får jag lov att veta om Hildur tycker om Gudmund.”

Hildur ryckte till av ovilja. Det pinade henne att behöva växla ett enda ord med Helga, och bra liten lust hade hon att göra henne till sin förtrogna. Men nu var det nöd på färde, och hon tvang sig att svara: ”Varför tror du att jag annars skulle ha velat gifta mig med honom?”

”Jag menar om Hildur tycker om honom ännu?” — Hildur blev som en sten, men hon kunde inte ljuga under den andras forskande blick.

”Kanske att jag aldrig förr har tyckt så mycket om honom som i dag,” sade hon, men så lågt, att man kunde tro, att det gjorde ont i henne att säga fram orden.

”Kom då genast med mig!” sade Helga. ”Jag har ett åkdon borta på vägen. Hildur ska bara gå in efter något att sätta på sig, så far vi genast till Närlunda.”

”Vad ska det tjäna till, att jag far dit?” frågade Hildur.”Hildur ska fara dit och säga, att Hildur vill tillhöra Gudmund, vad han än har gjort, och att Hildur vill troget vänta på honom, medan han sitter i fängelse.”

"No, but it may be a messenger from him. She wouldn't divulge the nature of her errand to any one but yourself, she declared."

Hildur had been sitting thinking all day that some one must come who could put an end to her misery. She couldn't comprehend that such a dreadful misfortune should come to her. She felt that something ought to happen that she might again don her crown and wreath, so they could proceed with the wedding. When she heard now of a messenger from Gudmund, she was interested and immediately went out to the kitchen hall and looked for her.

Hildur probably wondered why Gudmund had sent Helga to her, but she thought that perhaps he couldn't find any other messenger on a holiday, and greeted her pleasantly.

She motioned to Helga to come with her into the dairy across the yard.

I know no other place where we can be alone," she said. "The house is still full of guests."

As soon as they were inside, Helga went close up to Hildur and looked her square in the face. "Before I say anything more, I must know if you love Gudmund."

Hildur winced. It was painful for her to be obliged to exchange a single word with Helga, and she had no desire to make a confidant of her. But now it was a case of necessity, and she forced herself to answer, "Why else do you suppose I wished to marry him?"

"I mean, do you still love him?" Hildur was like stone, but she could not lie under the other woman's searching glance.

"Perhaps I have never loved him so much as today," she said, but she said this so feebly that one might think it hurt her to speak out.

"Then come with me at once!" said Helga. "I have a wagon down the road. Go in after a cloak or something to wrap around you; then we'll drive to Närlunda."

"What good would it do for me to go there?" asked Hildur. "You must go there and say you want to be Gudmund's, no matter what he may have done, and that you will wait faithfully for him while he is in prison."

"Varför ska jag säga detta?" — "För att allt ska bli gott mellan er."

"Men det är ju omöjligt. Inte vill jag gifta mig med en, som har suttit på fästning."

Helga for ett par steg tillbaka, som om hon hade törnat mot en mur. Men hon fattade raskt mod igen. Hon kunde ju förstå, att den, som var så mäktig och rik som Hildur, måste tänka så. "Jag skulle inte ha kommit och bett Hildur fara till Närlunda, om jag inte visste, att Gudmund är oskyldig," sade hon.

Nu var det Hildur, som tog ett steg fram mot Helga. — "Vet du det, eller är det bara något, som du tror?"

"Det vore bättre, att vi genast satte oss i kärran, så kunde jag tala på vägen."

"Nej, du ska först förklara vad du menar. Jag får lov att veta vad jag gör."

Helga var i sådan brinnande iver, att hon knappt kunde stå stilla, men hon måste ändå bekväma sig att berätta för Hildur hur hon visste, att det inte var Gudmund, som var dråparen. "Sa du inte detta till Gudmund genast?"

"Nej, jag säger det nu till Hildur. Det är ingen annan, som vet det."

"Och varför kommer du till mig med detta?"

"För att det ska bli bra er emellan. Han får nog snart reda på att han ingenting ont har gjort, men jag vill, att Hildur ska komma till honom liksom av sig själv och göra det gott."

"Ska jag inte säga, att jag vet, att han är oskyldig?"

"Hildur ska komma alldeles av sig själv, aldrig låtsa om, att jag har talat med Hildur. Annars förlåter han aldrig det, som Hildur sa till honom i dag på morgonen."

Hildur hörde tyst på. Det var något i detta, som hon aldrig hade mött förut i livet, och hon strävade att reda ut det för sig. "Vet du, att det var jag, som ville, att du skulle flytta från Närlunda?

"Nog vet jag, att det inte var husbondfolket på Närlunda, som ville ha mig bort."

"Why should I say this?" — "So all will be well between you."

"But that is impossible. I don't want to marry any one who has been in prison!"

Helga staggered back, as if she had bumped against a wall, but she quickly regained her courage. She could understand that one who was rich and powerful, like Hildur, must think thus. "I should not come and ask you to go to Nälrlunda did I not know that Gudmund was innocent," said she.

Now it was Hildur who came a step or two towards Helga. "Do you know this for certain, or is it only something which you imagine? "

"It will be better for us to get into the cart immediately; then I can talk on the way."

"No, you must first explain what you mean; I must know what I'm doing."

Helga was in such a fever of excitement that she could hardly stand still; nevertheless she had to make up her mind to tell Hildur how she happened to know that Gudmund was not the murderer. "Did n't you tell Gudmund of this at once?"

No; I'm telling it now to Hildur. No one else knows of it."

"And why do you come to me with this?"

"That all may be well between you two. He will soon learn that he has done no wrong; but I want you to go to him as if of your own accord, and make it up."

"Sha'n't I say that I know he is innocent?"

"You must come entirely of your own accord and must never let him know I have spoken to you; otherwise he will never forgive you for what you said to him this morning."

Hildur listened quietly. There was something in this which she had never met with in her life before, and she was striving to make it dear to herself. "Do you know that it was I who wanted you to leave Närlunda? "

"I know, of course, that it was not the folk at Närlunda who wished me away."

”Jag kan inte förstå, att du kommer hit till mig i dag och vill hjälpa mig.”

”Bara Hildur följer med nu, så att allt kan bli bra!”

Men Hildur såg på Helga, alltjämt sänkt i samma begrundan. ”Kanske det är så, att Gudmund tycker om dig?” framkastade hon.

Men nu brast Helgas tålamod. "Vad skulle jag vara för honom att få?” sade hon häftigt. ”Hildur vet ju, att jag ingenting annat är än en fattig torpartös, och det är ändå inte det värsta med mig.” De två unga flickorna smög sig obemärkta från gården och satt snart i kärran. Helga körde, och hon sparade inte hästen, utan det gick i rask fart. De var båda tysta.
Hildur satt och såg på Helga. Det var, som om hon undrade mer på henne och tänkte mer på henne än på något annat.

När de kom i närheten av gården, lämnade Helga tömmarna åt Hildur. ”Nu ska Hildur fara ensam fram till gården och tala med Gudmund. Jag kommer efter om en stund och berättar det där med kniven. Men Hildur ska inte säga ett ord till Gudmund om att det är jag, som har hämtat Hildur.”

Gudmund satt i storstugan på Närlunda bredvid mor Ingeborg och talade med henne. Fadern satt ett stycke ifrån dem och rökte. Han såg nöjd ut och sade inte ett ord. Det märktes, att han ansåg, att allt nu gick, som det skulle, och att han inte behövde gripa in.

”Jag undrar, mor, vad ni skulle ha sagt, om ni hade fått Helga till sonhustru,” sade Gudmund. Mor Ingeborg lyfte upp huvudet och sade med stadig röst: ”Jag ska med glädje ta emot vilken svärdotter som helst, om jag bara vet, att hon tycker om dig så, som en hustru ska tycka om sin man.”

Knappt var detta sagt, förrän de såg Hildur Eriksdotter köra in på gården. Hon kom strax därpå in i stugan och var sig olik på många sätt. Hon trädde inte fram i rummet med vanlig raskhet, utan det såg nästan ut, som om hon hade haft lust att stanna nere vid dörren som en fattig tiggartös.

Hon kom emellertid fram och tog mor Ingeborg och Erland i hand. Sedan vände hon sig till Gudmund. ”Det är allt med dig, som jag ville tala ett par ord.” Gudmund steg upp, och de gick in i lillkammaren. Han ställde fram en stol åt Hildur, men hon satte sig inte. Hon var röd av förlägenhet, och

"I can't comprehend that you should come to me today with the desire to help me."

"Only come along now, Hildur, so all will be well!"

Hildur stared at Helga, trying all the while to reason it out. "Perhaps Gudmund loves you?" she blurted out.

And now Helga's patience was exhausted. "What could I be to him?" she said sharply. " You know, Hildur, that I am only a poor croft girl, and that's not the worst about me!" The two young women stole unobserved from the homestead and were soon seated in the cart. Helga held the reins, and she did not spare the horse, but drove at full speed. Both girls were silent. Hildur sat gazing at Helga. She marvelled at her and was thinking more of her than of anything else.

As they were nearing the Erlandsson farm, Helga gave the reins to Hildur. "Now you must go alone to the house and talk with Gudmund. I'll follow a little later and tell that about the knife. But you mustn't say a word to Gudmund about my having brought you here."

Gudmund sat in the living-room at Närlunda beside his mother and talked with her. His father was sitting a little way from them, smoking. He looked pleased and said not a word. It was apparent that he thought everything was going now as it should and that it was not necessary for him to interfere.

"I wonder, mother, what you would have said if you had got Helga for a daughter-in- law?" ventured Gudmund. Mother Ingeborg raised her head and said in a firm voice, "I will with pleasure welcome any daughter-in-law if I only know that she loves you as a wife should love her husband."

This was barely spoken when they saw Hildur Ericsdotter drive into the yard. She came immediately into the cottage and was unlike herself in many respects. She did not step into the room with her usual briskness, but it appeared almost as if she were inclined to pause near the door, like some poor beggar-woman.

However, she came forward finally and shook hands with mother Ingeborg and Erland. Then she turned to Gudmund:"It is with you that I would have a word or two." Gudmund arose, and they went into the side room. He arranged a chair for Hildur, but she did not seat herself. She blushed with embarrassment, and the words dropped slowly and heavily

orden kom trögt och blygt över hennes läppar. ”Jag var väl... Ja, det var
nog alltför hårt, det, som jag sa till dig i morse.”

”Vi kom så häftigt över Hildur,” sade Gudmund. Hon blev ännu mera röd
och skamsen.” Jag skulle ha tänkt mig för. Vi kunde ... Det skulle ju... ”

”Det är nog bäst, som det är, Hildur. Det är ingenting att tala om nu. Men
det var snällt, att Hildur kom.”

Hon slog händerna för ansiktet, drog ett andetag så djupt som en
snyftning, men lyfte huvudet igen. ”Nej!” sade hon. ”Det går inte för mig
på det här sättet. Jag vill inte, att du ska tro, att jag är bättre, än jag är.”
Det var någon, som kom till mig och sa, att du var oskyldig, och rådde mig
att skynda mig hit och göra allt gott igen. Och jag skulle inte säga, att jag
redan visste, att du var oskyldig, för då skulle du inte tycka, att det var så
stort, att jag kom. Nu säger jag dig, att jag hade önskat, att jag hade
kommit på den tanken själv, men det har jag inte. Men jag har längtat
efter dig hela dagen och önskat, att det kunde bli bra mellan oss. Och hur
det an går, så vill jag säga, att jag är glad, att du är oskyldig.”

”Vem var det, som gav Hildur det där rådet?” frågade Gudmund. —
”Det skulle jag inte säga.”

”Jag undrar på att någon vet det. Far kom just nu ifrån länsman. Han har
telegraferat in till staden. Och det har kommit svar, att den rätte dråparen
redan är funnen.”

När Gudmund sade detta, kände Hildur, att benen började darra under
henne, och hon satte sig hastigt ner på stolen. Hon blev rädd, därför att
Gudmund var så lugn och vänlig. Hon började märka, att han var alldeles
utanför hennes makt. ”Jag förstår, att Gudmund aldrig kan glömma
hurudan jag var i förmiddags.”

”Jo, nog kan jag förlåta Hildur det,” sade han med samma lugna ton. ”Det
där ska vi aldrig mer tala om.”

Hon darrade till, slog ner ögonen och satt, som om hon väntade något.
”Det var bara en stor lycka, Hildur,” sade han och kom fram och fattade
hennes hand, ”att det blev slut mellan oss, för det har blivit klart för mig i
dag, att jag tycker om en annan. Jag tror, att jag har tyckt om henne länge,
men jag har inte vetat det förrän i dag.”

”Vem är det, som Gudmund tycker om?” kom det tonlöst från Hildur.

from her lips. "I was — yes, it was much too hard — that which I said to you this morning."

"We came so abruptly, Hildur," said Gudmund. She grew still more red and embarrassed. "I should have thought twice. We could — it would of course — "

"It is probably best as it is, Hildur. It is nothing to speak of now, but it was kind of you to come."

She put her hands to her face, drew a breath as deep as a sigh, then raised her head again. "No!" she said, "I can't do it in this way. I don't want you to think that I 'm better than I am. There was some one who came to me and told me that you were not guilty and advised me to hurry over here at once and make everything right again. And I was not to mention that I already knew you were innocent, for then you wouldn't think it so noble of me to come. Now I want to say to you that I wish I had thought of this myself, but I hadn't. But I have longed for you all day and wished that all might be well between us. Whichever way it turns out, I want to say that I am glad you are innocent."

"Who advised you to do this?" asked Gudmund. "I was not to tell you that."

"I am surprised that any one should know of it. Father has but just returned from the Sheriff. He telegraphed to the city, and an answer has come that the real murderer has already been found."

As Gudmund was relating this, Hildur felt that her legs were beginning to shake, and she sat down quickly in the chair. She was frightened because Gudmund was so calm and pleasanty and she was beginning to perceive that he was wholly out of her power. "I can understand that you can never forget how I behaved to you this forenoon."

"Surely I can forgive you that," he said in the same even tone. "We will never speak of the matter again."

She shivered, dropped her eyes, and sat as if she were expecting something. "It was simply a stroke of good fortune, Hildur," he said, coming forward and grasping her hand, "that it is over between us, for to-day it became clear to me that I love another. I think I have been fond of her for a long time, but I did not know it until today."

"Whom do you care for, Gudmund?" came in a colorless voice from

”Det gör detsamma att tala om. Jag ska inte gifta mig med henne, för hon tycker inte om mig. Men jag kan heller inte gifta mig med någon annan.”

Hildur lyfte huvudet. Det var inte lätt att säga vad som försiggick inom henne. Men hon kände i detta ögonblick, att hon, storbondedottern, med all sin fägring och alla sina ägodelar var ingenting för Gudmund. Och hon var stolt och ville inte skiljas från honom utan att lära honom, att hon hade värde i sig själv utom allt det yttre.

”Jag vill, Gudmund, att du ska säga mig om det är Helga från Stormyra, som du tycker om.” Gudmund stod tyst.

”För om det är Helga, så vet jag, att hon tycker om dig. Det var hon, som kom till mig och lärde mig vad jag hade att göra, för att allt skulle bli bra mellan oss. Hon visste, att du var oskyldig, men hon sa det inte till dig, utan lät mig veta det först.”

Gudmund såg henne stadigt in i ögonen. ”Tycker du detta tyder på att hon har en stor kärlek för mig?”

”Det kan du vara säker på, Gudmund. Det kan jag vittna om. Ingen i världen kan älska dig mer än hon.”

Han gick hastigt ett slag över golvet. Därpå stannade han framför Hildur. ”Men du då, varför säger du mig detta?”

”Jag ville väl inte stå efter Helga i ädelmod.” — ”Å, Hildur, Hildur!” sade han, lade händerna på hennes axlar och skakade henne för att ge luft åt sin rörelse. ”Du vet inte, nej, du vet inte hur mycket jag tycker om dig i denna stund. Du vet inte hur lycklig du har gjort mig...”

*   *   *

Helga satt vid vägkanten och väntade. Hon satt med handen under kinden och såg ner på marken. Hon såg Gudmund och Hildur för sig och tänkte på hur lyckliga de nu måste vara. Medan hon satt där, kom en dräng från Närlunda gående förbi. Han stannade, när han fick se henne. ”Helga har väl hört det där med Gudmund?” — Ja, det hade hon.

Hildur. "It doesn't matter. I shall not marry her, as she does not care for me, nor can I marry anyone else."

Hildur raised her head. It was not easy to tell what was taking place in her. At this moment she felt that she, the rich farmer's daughter, with all her beauty and all her possessions, was nothing to Gudmund. She was proud and did not wish to part from him without teaching him that she had a value of her own, apart from all the external things.

"I want you to tell me, Gudmund, if it is Helga from Big Marsh whom you love." Gudmund was silent.

"Because if it is Helga, I know that she loves you. It was she who came to me and taught me what I should do that all might be well between us. She knew you were innocent, but she did not say so to you. She let me know it first."

Gudmund looked her steadily in the eyes. "Do you think this means that she has a great affection for me?"

"You may be sure of it, Gudmund. I can prove it. No one in the world could love you more than she does."

He walked rapidly across the floor and back, then he stopped suddenly before Hildur. "And you — why do you tell me this?"

"Surely I do not wish to stand beneath Helga in magnanimity!" — "Oh, Hildur, Hildur!" he cried, placing his hands on her shoulders and shaking her to give vent to his emotion. "You don't know, oh, you don't know how much I like you at this moment! You don't know how happy you have made me!"

*　　*　　*

Helga sat by the roadside and waited. With her cheek resting on her hand, she sat and pictured Hildur and Gudmund together and thought how happy they must be now. While she sat thus, a servant from Närlunda came along. He stopped when he saw her. "I suppose you have heard that affair which concerns Gudmund?" She had.

"Det var ingen sanning, som väl var. Den rätte dråparen är redan i häkte."
— "Jag visste, att det inte kunde vara sant," sade Helga."

Därpå gick karlen, men Helga satt kvar vid vägkanten som förut. Jaså, de visste det redan där borta! Hon behövde inte gå fram till Närlunda och tala om det. Hon kände sig så underligt utestängd. Förut på dagen hade hon varit så ivrig. Hon hade inte tänkt på sig själv, bara på att Gudmunds och Hildurs bröllop skulle komma till stånd.

Men nu stod det för henne hur ensam hon var. Och det var tungt att ingenting få vara för dem, som man tyckte om. Nu behövde inte Gudmund henne, och hennes eget barn hade modern gjort till sitt. Hon unnade henne knappt att se på det.

Hon tänkte på att hon borde stiga upp och gå hem. Men backarna syntes henne långa och tunga. Hon visste inte hur hon skulle orka uppför dem.

Det kom ett åkdon från Närlundahållet. Det var Hildur och Gudmund, som satt i kärran. Nu for de väl till Älvåkra för att tala om, att de var försonade. Och i morgon blev det bröllop.

När de upptäckte Helga, stannade de hästen. Gudmund lämnade tömmarna till Hildur och hoppade ur. Hildur nickade till Helga och for vidare.

Gudmund stod kvar på vägen framför Helga. "Jag är glad, att du sitter här, Helga," sade han. "Jag trodde, att jag skulle få gå upp till Stormyra för att träffa dig."

Han sade detta häftigt, nästan hårt, och i detsamma grep han ett fast tag om hennes hand. Och hon såg i hans ögon, att nu visste han var han hade henne. Nu kunde hon inte mer komma undan honom.

"It was not true, fortunately. The real murderer is already in custody."
"I knew it couldn't be true," said Helga.

Thereupon the man went, and Helga sat there alone, as before. So they
knew it already down there! It was not necessary for her to go to Närlunda
and tell of it. She felt herself so strangely shut out! Earlier in the day she
had been so eager. She had not thought of herself — only that Gudmund
and Hildur's marriage should take place.

But now it flashed upon her how alone she was. And it was hard not to be
something to those of whom one is fond. Gudmund did not need her now,
and her own child had been appropriated by her mother, who would
hardly allow her to look at it.

She was thinking that she had better rise and go home, but the hills
appeared long and difficult to her. She didn't know how she should ever be
able to climb them.

A vehicle came along now from the direction of Närlunda. Hildur and
Gudmund were seated in the cart. Now they were probably on their way to
Alvåkra to tell that they were reconciled. Tomorrow the wedding would
take place.

When they discovered Helga, they stopped the horse. Gudmund handed
the reins to Hildur and jumped down. Hildur nodded to Helga and drove
on.

Gudmund remained standing on the road and facing Helga. "I am glad
you are sitting here, Helga," he said. "I thought that I would have to go up
to Big Marsh to meet you."

He said this abruptly, almost harshly; at the same time he gripped her
hand tightly. And she read in his eyes that he knew now where he had her.
Now she could no more escape from him.

This bilingual book is available in **Swedish / German** as well.

Dieser Titel ist auch in Schwedisch / Deutsch erhältlich.

Selma Lagerlöf:

Tösen från Stormyrtorpet / Das Mädchen vom Moorhof
Lektüre zweisprachig – Schwedisch / Deutsch

ISBN: 978 - 3 - 943394 - 05 – 4

Harald Holder Verlag, Augsburg
www.holder-augsburg-zweisprachig.de